《在马里兰大学的日子》
编委会名单

在马里兰大学的日子

胡浩民　主编

暨南大学出版社
JINAN UNIVERSITY PRESS

中国·广州

图书在版编目（CIP）数据

在马里兰大学的日子／胡浩民主编．—广州：暨南大学出版社，2011.9
ISBN 978－7－81135－980－0

Ⅰ.①在…　Ⅱ.①胡…　Ⅲ.①高等学校—学校管理—研究报告—美国
Ⅳ.①G649.712

中国版本图书馆 CIP 数据核字（2011）第 182507 号

出版发行：暨南大学出版社

地　址：中国广州暨南大学
电　话：总编室（8620）85221601
　　　　营销部（8620）85225284　85228291　85228292（邮购）
传　真：（8620）85221583（办公室）　85223774（营销部）
邮　编：510630
网　址：http：//www.jnupress.com　http：//press.jnu.edu.cn

排　版：弓设计
印　刷：佛山市浩文彩色印刷有限公司

开　本：787mm×960mm　1/16
印　张：10.5
彩　插：8
字　数：170 千
版　次：2011 年 9 月第 1 版
印　次：2011 年 9 月第 1 次

定　价：32.00 元

华南农业大学第一期赴马里兰大学培训班全体学员结业合影

在结业典礼上党委副书记胡浩民研究员向马里兰大学美华培训中心副主任赠送书法作品

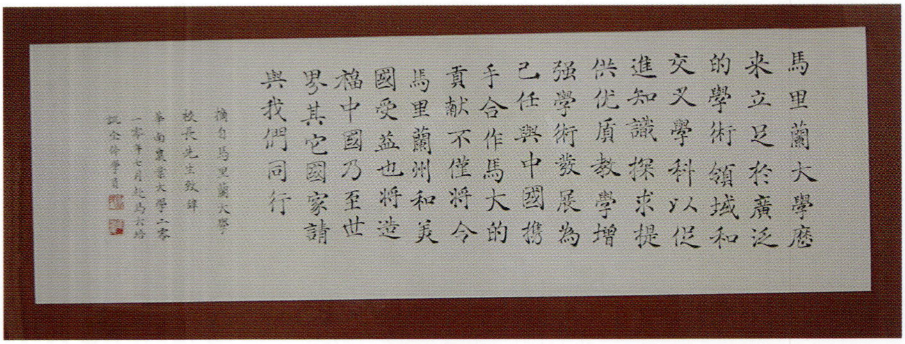

胡浩民副书记代表全体学员赠送给马里兰大学的书法作品

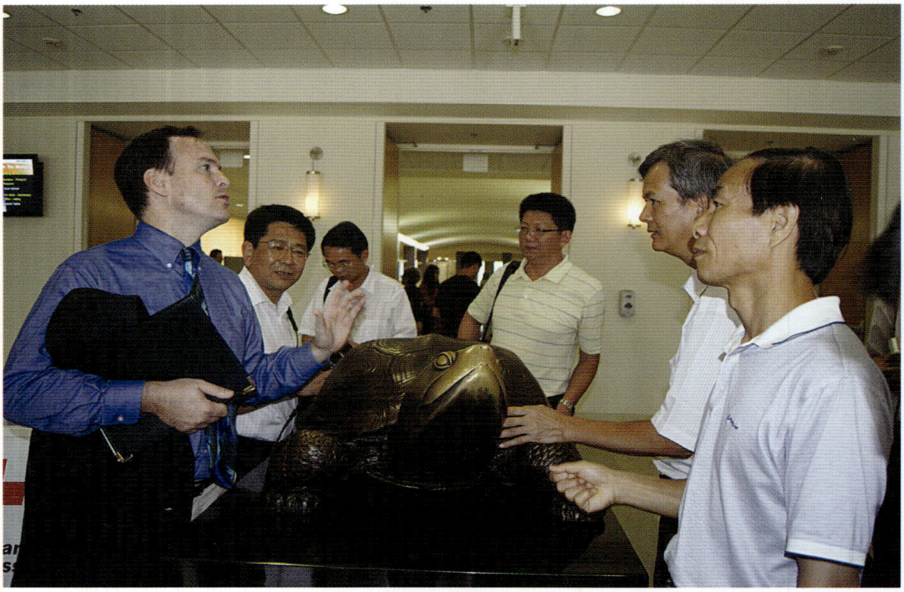

马里兰大学美华培训中心主任罗伯特教授向学员介绍马里兰大学基本情况

在乔治·华盛顿大学就业指导中心学习交流

学员在马里兰大学农学院认真听取专题讲座

在课堂上与马里兰大学教授一起进行教学方法研讨

美华培训中心麦克先生介绍马里兰大学校内实习基地

在哈佛大学参观考察后学员合影留念

在麻省理工学院参观后学员合影留念

在耶鲁大学校园参观

参观美国西点军校后学员合影留念

访问美国华盛顿郡的一个农场主

访问华盛顿郡詹姆士果场

在加利福尼亚大学旧金山分校访问校友

马里兰大学副校长向我校赠送马里兰大学风景图片挂毯

序　言

高校发展的关键因素之一是干部的视野和执行力，作为一项长期的工作，加强干部的培训学习十分必要。去年暑期，华南农业大学首次组织了学校中层干部赴美参加为期25天的培训学习，培训班由校党委副书记胡浩民带队，19位正处级干部和1位负责国际交流事务的同志参加了培训学习。这次培训学习的主要任务是了解美国高等教育发展与教育政策，从宏观管理体制和内部运行机制两个层面，学习借鉴美国高水平大学的高效管理和有序运行经验。这次培训是我校一项具有前瞻性和战略性的举措，对建立学习型干部队伍，提升干部的国际视野大有裨益。

为了这次培训学习，我校精心安排了培训项目和学习内容，专门选择马里兰大学作为培训学习的主要基地。马里兰大学地处人才济济、精英荟萃的大华盛顿地区，条件优越，是该地区唯一的大型综合性公立高等院校，在美国公立研究型大学中名列前茅，并具有丰富的高校干部培训经验。马里兰大学最初是一所政府赠地学院，经历了马里兰农学院、马里兰州立大学至马里兰大学等几个发展阶段，并从农业专科性学院、多科性大学发展成为高水平大学的综合性大学，它的农业、生物和自然环境等学科仍然是其优势和特色，至今保留着农业学科服务当地社会经济的传统。马里兰大学的发展轨迹对我校从农科为主到多科性的发展，有一定的借鉴意义。

虽然培训时间较短，但日程安排周全，学习内容丰富。学员们表现出了很高的学习热情，通过专题讲座、调研访问和参观考察等形式，对马里兰大学的战略规划、教育体制与模式、人力资源及其管理、设备管理、资金来源、人才培养模式、勤俭办学理念、大学生创新能力、校友资源管理与利用等方面都有了一定程度的了解。在对马里兰大学认知的基础上，学员们还参观考察了哈佛、耶鲁、麻省理工等10所美国名校，使大家增进了对美国高等教育的教育体制、办学理念、运作模式、宏观与微观管理等方面的认识，开阔了视野与思路，同时学员们对我校的教学、科研、学科建设、管理、国际化办学等问题进行思考和探讨，对今后更好地开展工作有了更多的启发。访美期间，学员们还利用周末时间深入了解美国高校如何为地方农业发展服务的途径与方法，实地考察农场运作情况，体会美国的风土人情。

此次华南农业大学中层干部赴美培训，学习生活充实，培训成果丰富，对每一位学员来说都是一段愉快而难忘的经历，大家有感而发，总结自己的收获和体会。结集出版的《在马里兰大学的日子》一书收录了学员们的学习成果和心得，角度不一，体裁不同，风格多样，有“细致入微”的认真思考，也有“浮光掠影”的活泼观察，都是难得的收获和体验，有一定的针对性、启发性和可读性，可让读者分享学员们充实的培训成果和愉快的异国体验。希望华南农业大学的干部及时把培训成果转化到实际工作中去，学以致用，用有所成，积极借鉴国外高等教育管理的成功经验，以更开阔的国际视野，不断提高管理水平，并围绕学校中心工作，真抓实干，努力为实现学校各项事业的科学发展作出更大贡献。

李大胜　陈晓阳

2011 年 8 月 31 日

目　录

马里兰大学第一期学员学习概况

美国大学启思录

美国农业农村印象

行色匆匆看美国社会

马里兰大学第一期学员学习概况

华南农业大学中层干部于2010年7月24日至8月17日赴美国马里兰大学培训。培训班为期25天的学习，主题突出，内容丰富，形式多样。通过这次学习，全体学员不仅对美国高等教育系统有了比较深入的了解，而且还对美国的社会现实有了进一步的认识。

华南农业大学中层干部管理培训班
赴马里兰大学培训学习总结报告

在学校的精心组织和安排下，经国家有关部门批准，2010 年 7 月 24 日至 8 月 17 日，由学校党委副书记胡浩民研究员率领的、有 19 名正处级干部和 1 名工作人员参加的、为期 25 天的华南农业大学中层干部管理培训班赴美国马里兰大学培训项目顺利完成。25 天的培训学习，主题突出，内容丰富，形式多样，团长领队有方，学员勤奋认真，严格按照规定的日程和计划进行学习和访问，不仅对美国高等教育系统有了比较深入全面的了解，而且对美国的社会现实也有了进一步的认识。在培训学习期间，还通过带队领导与马里兰大学美华培训中心负责人进行书法艺术切磋，学员和教师之间的互动交流，以及以华南农业大学名义进行的礼仪交往，加深了相互之间的了解，增进了华南农业大学和马里兰大学之间的友谊，为双方的进一步合作奠定了坚实基础。学员们通过这次紧张而又充实的学习，收获良多，现将此次项目培训学习情况总结并报告如下：

一、马里兰大学高等教育管理培训项目的主要内容

为了保证本次培训学习的有效性和针对性，学校国际交流处和马里兰大学美华培训中心进行了反复磋商，并对培训计划作了多次修订，使培训内容主题更加突出，内容更加丰富，形式更加多样，既有马里兰大学校院级领导、知名教授的专家讲座，又有对学校重要公共设施、重点实验室的参观考察，还有对美国著名高校的业务访问、参观访问以及对美国农户的现场调查，极大地开阔了学员们的国际视野。

1. 关于管理培训项目的专家讲座

本次培训一共听取了由马里兰大学校、院领导，有关部门负责人和知

名教授等开设的12场专家讲座，分别为“中美大学比较”、“大学对外关系：政府、校友会、媒体”、“课程改革”、“美国教育机构”、“马里兰大学的战略发展规划”、“大学的财政规划、计算和审计”、“马里兰大学系统、结构及功能”、“Wye研究和推广中心的运作”、“培养富有创造力的学生”、“大学科技园建设——马大中国科技园”、“人力资源：教学员工发展”、“大学机构的变动与改革”等。讲授专题的专家层次高，对大学的内部管理和运作十分熟悉，讲座中运用了大量翔详实的数据和资料来介绍大学的战略规划、财务预算、人力资源管理、机构变动等，使学员从中获得了大量的有效信息；美国大学的专家讲座有很强的互动性，学员可以随时打断演讲者的讲授，提出与讲座内容相关的问题，参加本次培训的学员们表现出了很强的学习主动性和积极性，在互动交流中提出了大量的问题，使很多疑惑得到了有效解答。

2. 关于校园重要公共设施和重点实验室的参观调查

按照培训计划，学员们参观了马里兰大学的图书馆、行政楼、学生活动中心、表演艺术中心、校友活动中心、Wye研究和推广中心、马里兰大学华盛顿郡农业推广办公室、农场、马大中国科技园、工程学院、环境能源工程中心等。主办方热情友好地向学员介绍了学校重要公共设施的建设情况，包括建设历史、经费来源、主要用途和功能、使用效果和管理模式等。通过参观与考察，学员们了解到，马里兰大学的公共设施非常完善，功能齐全，在管理运作方面也有很多值得借鉴的地方。例如，马里兰大学在兽医学方面建立的实验室以及农学方面建立的温网室，设施先进，管理规范，尤其是温网室的全自动控制气候条件设备，给学员们留下了深刻印象。在马里兰大学华盛顿郡农业推广办公室的安排下，参观了农场和苹果园，学员们还对华盛顿郡的一位农户进行了访问，在那里了解了农户的生产经营情况和家庭生活情况，这种近距离地接触一位美国普通农民家庭的调查访问，使大家对美国农村、农业和农民的真实情况有了更真切的感受。

3. 关于到美国其他著名高校的业务访问和参观访问

按照日程安排，培训班全体学员参观访问了美国的哈佛大学、麻省理工学院、耶鲁大学、西点军校、海军学院等高等院校。在这些学校，主要是通过参观校史馆、教堂、图书馆、学生餐厅等场所，了解这些学校的办学历史和办学特色，观赏学校的主要建筑，感受校园氛围等；而在私立华盛顿大学、弗吉尼亚大学和加州大学旧金山分校，则进行了比较深入的业务访问。在华盛顿大学，主要访问了该校的学生就业指导中心，从而对美国大学如何发挥引导协调作用，帮助和指导学生就业，有了更深入的了解；在弗吉尼亚大学，主要了解该校的创始人、美国第三任总统杰弗逊的生平以及他对美国高等教育发展的贡献；在加州大学旧金山分校，不仅拜访了校友，而且还对该校的生物科学实验室、温网室的建设以及科研和教学进行了业务访问。

二、培训学习的主要收获和体会

参加本次培训项目的全体学员，十分珍惜这样的培训学习机会，不仅认真听取专家讲座，认真做好笔记，辅之以图像拍摄记载重要的信息资料，还能够结合学校和工作实际提出问题，向专家请教，进行互动讨论，受益匪浅，启发良多。在参观考察的过程中，学员们对美国的社会生活现象进行仔细观察，获得了很多的真实感受。大家一致认为，本次培训学习的主要收获和体会有以下方面：

1. 对中美高等教育之间的差异有了更明确的认识

从大学在国际上的知名度，尤其是大学对科技和社会发展的贡献来看，中国的高等教育与美国的高等教育存在着巨大差距，这是毋庸置疑的。问题是，这种差距是怎样造成的？通过马里兰大学专家教授的介绍和实地考察，我们对此有了比较明确的认识。

一是办学历史底蕴不同。美国高等教育有着悠久的办学历史、优良的学术思想和科学研究传统。即使在全美综合排名第 50 名左右的马里兰大学，迄今也有近 150 年的办学历史。至于哈佛、耶鲁，更是秉承了英国剑桥、牛津的学术传统。

二是教育经费投入差距大。马里兰大学作为美国马里兰州的公立大学，教育经费来源渠道多，主要包括州政府拨款、学生学费、校友捐款、教授科研经费、学校企业经营收入等。马里兰大学拥有 26 000 多名本科生，1 万多名研究生，18 000 名雇员，一年教育总经费达 16 亿美元。比较充裕的办学经费，使马里兰大学拥有非常完善的公共设施。其学生活动中心在全美排名第五，功能齐全，设施完善，可供学生在此就餐、购物、读书、健身、休闲、娱乐等；其艺术表演中心富丽堂皇，拥有多个大小不一、音响照明条件极佳的表演厅，一般都是免费或以优惠租金提供给学生使用，可满足学生社团的不同要求。

三是教育思想观念和教育体制的差异。美国的基础教育注重培养学生的学习兴趣，高等教育则注重培养学生的创造能力和判断能力。由于美国的中小学生在数理化竞赛、平均知识水平方面与中、日、韩的学生存在差距，美国的中学毕业生报考理工科的人数越来越少，因此美国的教育界也正在反思如何改进美国的基础教育，但美国的大学教育体制使学生有很大的学习自主性，这也是美国人一直引以为豪的地方。美国大学生可以根据自己的兴趣和爱好选择专业，如马里兰大学美华培训中心主任罗伯特先生在大一时学习兽医、大二学美术、大三学文学，现在从事中美文化交流工作。美国没有国立大学，只有州立的公立大学，联邦政府教育部作用有限，不能制定全国性统一的教育政策，没有全国统一高考，没有全国统一课程，更不会参与大学管理。尽管奥巴马推出的教育改革提出了全国统一的教育目标，愿意接受这些标准的学校可以获得联邦政府的拨款，但不具有强制性。作为马里兰州的公立大学，马里兰大学对州内学生、州外学生和国际学生实行不同的收费标准，可以自主招生，自主进行课程设计和改革，因此大学的办学自主性很强。

2. 重视大学战略发展规划的制定，注重师生的广泛参与性

马里兰大学高度重视学校战略发展规划的制定，在听取这项专家讲座时，最让我们感兴趣的不是规划本身，而是规划制定的过程和程序。美国大学的院系有很大的自主权，不同的院系有不同的要求和目标，为了让学校的发展规划能达成多方面的共识，在规划的制定上十分注重程序的规范和完整。首先，由教务处负责领导规划的制定，成立一个规划制定委员会，由 25 人组成，有各方面的负责人以及教师代表和学生代表参加，委员会要花一年的时间进行调查研究来制定规划草案。其次，为了让更多的人参与进来，草案会发布到学校的网站，广泛征求师生乃至校友和社会各

界的意见。例如，马里兰大学新的十年规划草案，就已经收到1万多条信息反馈和评价，这些意见来自教授、学生、校友和州政府官员。再次，根据收到的信息反馈，把草案的修改稿提交给大学议会进行讨论和审议。大学议会由150人组成，包括教授、管理者。大学议会召开第一次会议时，不进行投票表决，只听取修改意见，修改后再召开第二次大学议会进行投票表决。这样，被认为"吸收了我们意见"的议员们比较容易接受规划而投赞成票。以往马里兰大学的规划都能以90%以上的赞成票高票通过。

3. 马里兰大学课程改革中的"I式课程"

马里兰大学的副教务长对该校的课程改革进行了较详细的介绍。马里兰大学的学术规划与项目办公室负责对各院系的学科建设、课程设置进行评估和检查，以及帮助有关学员设立新学科，同时，与马里兰州评审机构建立良好关系。马里兰大学提出的课程改革目标有以下方面：一是提高本科教学质量；二是吸引更多的学生来马里兰大学就读；三是提高学生的学术成功率（即中国大学学生的毕业率），使课程改革更有利于学生完成学业、容易就业和进一步深造；四是让学生获得更好的学习环境。

马里兰大学的学生前两年需完成40～46学分的普通课程，普通课程占31%，四年时间修满120个学分的课程，可获得学士学位，其中的专业课程30～60个学分不等。马里兰大学对本科生是否写毕业论文，没有统一要求。例如，地理系要求本科生写论文，论文通过可获得荣誉学士称号，物理系则不要求写毕业论文。

马里兰大学的通识教育包括"基础教育"、"初级研修类课程"、"I式课程"、"多文化学习"、"实践性学习"五个部分。其中，"I式课程"的特征是了解不同专业学生对某些特定专业问题的理解和回答，例如，天文学的I式课程问题是"小行星碰撞会……"；经济学的I式课程问题是"为什么好的领导会做坏的决策"；历史学的I式课程问题是"全球将毁于暴力吗"等等。I式课程问题由教师提出，并由教务委员会来审定和修改。该项课程改革目前正在试行，很受学生欢迎。

4. 马里兰大学积极开展对外关系

马里兰大学负责对外关系的副校长Brodie Remington先生的讲座给我们留下了深刻印象。和其他美国大学一样，马里兰大学对外关系的任务和宗旨是：利用社会资源支持学校发展，增强社会对学校的认可度，加强学校与社会的联系。在马里兰大学的16亿美元的经费来源中，州政府拨款和学生收费各自约为4亿美元，学校企业经营收入约为3亿美元，而教授科研经费和校友赞助则高达5亿美元。学校积极开展对外关系的目标，是要努力减少学生收费所占的比例，增加科研经费和校友赞助部分。为此，学校设立有专门的对外关系部门，主要职能是为校友提供服务，筹措款项，与州政府和媒体加强联系。

马里兰大学共有27万校友，分布在全美50个州和一百多个国家。校友会作为非营利性组织，每年向每个校友收取55美元会费，为有需要的校友提供服务。比如，帮助解决职业方面的问题，设立奖学金为在其他大学深造的校友支付学费等。校友会有36个董事会成员，学校有专门的校友会大楼，大楼展厅陈列了著名校友的业绩，铭记了校友对学校捐助的款项。大楼里设有礼仪餐厅，以“商业社会餐桌礼仪”、“火边的聊天”等形式开展校友与学生座谈活动。校友会还通过走访校友、参加校友俱乐部等活动，加强与校友的联系。此外，校友会还办有校友会期刊。

对外关系部还设立有“传媒办公室”，主要任务是撰写新闻稿，突出大学的重要活动，与媒体进行合作，获取外界的支持和认同，回答媒体的询问和请求，引荐专家在媒体上传播科技知识等。学校设立了“新闻桌”网站，主要为媒体服务。

对外关系部还积极加强与其他组织如科学联合会、美国大学生联合会、美国科学院等的关系。

5. 马里兰大学学生活动中心的经营管理

马里兰大学学生活动中心规模宏大，设施完善，功能齐全，建筑面积达2万平方米，有大、小会议室17个，餐饮店13个，还有电影院、保龄球馆、书店、邮局、商店、电脑机房等，每年可举办各类活动9 000场次。该活动中心最早由州政府投资兴建，1957年、1961年、1982年、1999年进行了多次扩建，2005年进行了装修翻新，综合水平在全美国高校中排第五。马里兰大学每位学生每年缴纳270美元，便可免费享用该中心的部分设施，以及免费乘坐校巴和使用体育场等。该中心以招投标的方式引进运营商在活动中心开设餐饮店、书店、日用品商店等，同时将电影院、会议室出租。若本校学生租用会议室等，租金会有较大优惠。该中心一年收入可达800万美元，其中10%来自学生交款，40%来自运营商缴纳的租金，50%来自其他租金收入。该中心有44个雇员（不包括承包运营商自身的雇员，如书店、餐厅等），为100多个学生提供勤工助学岗位，每年给员工和学生的工资达300万美元，并向学校上缴营业收入的3.5%，中心的安全保卫工作则由学校负责。

6. 马里兰大学遍布全州的农业科技推广体系

马里兰大学作为一所政府赠地学院，根据有关法案规定，农学院从创办以来就坚持为当地农业生产服务。教授们从当地了解生产实际问题，把问题带回研究所，并提出解决问题的方案，用于指导生产。直到今天，马里兰大学农学院还在履行这种职能。马里兰全州有23个县，24个行政单位，每个行政单位都有马里兰大学的推广中心，大学的农业推广人员遍布每个县郡，向当地农户提供最广泛的服务。设在各县的推广中心，雇有专门的人员为农民提供免费的生产技术服务，而农业推广中心的运作经费主要来自当地的郡政府、州政府和美国农业部，推广中心履行职能涵盖政策指导、技术服务、科学研究、新技术和新产品的推广，其作用相当于中国的地方农业局和农科所。也就是说，美国的政府部门为大学的农业技术推广中心提供经费，而大学的农技推广人员则为农民提供无偿的生产技术服务，美国的农民还享有不少的政策补贴优惠，这样才使农民有钱可赚，生活富足。推广中心的雇员都是由马里兰大学聘请，有的是马里兰大学的教授，有的长驻在推广中心。

三、我们的意见和建议

1. 分期分批组织全校正处级干部到国外知名大学进行培训

要办好一所大学，尤其是要加快华南农业大学的发展，就必须要转变思想观念，打破原有的思维惯性，积极进行体制创新和管理创新，其中开拓管理干部的国际视野，向国外知名大学学习先进的办学理念和管理经验尤为重要。从本次马里兰大学培训项目的实施效果来看，深入美国大学和社会的实地学习考察，对全体学员的思想触动很大，大家感受良多，学到了不少在国内学不到的东西，大家不仅看到了中美高等教育之间存在的差距，也获得了很多新的启示，对如何更好地做好本单位的工作有了新的思路和想法，相信本次学习培训考察活动会在学校以及各单位的实际工作中产生积极而深远的影响。

2. 在学校局部领域或局部范围内学习和运用美国大学的经验

尽管中国和美国的国情不同，政治制度不同，高等教育体制不同，但是我们可以学习美国大学的办学经验。当然我们不能照搬照抄美国大学的一些经验和做法，只是应该看到，无论社会制度背景如何，高等教育也有共同的规律和目标任务，比如说都要争取更多的经费投入，培养更多的优秀人才，获得更大的社会知名度等。因此，建议将美国大学一些好的经验和做法进行梳理，并在局部领域内进行学习运用。

3. 以学校“十二五”发展规划的制定为契机，在学校进行新一轮的教育思想观念转变的讨论活动

在全校营造勇于创新，开拓进取的舆论氛围，发动全校教师、学生乃至校友和社会有关各界参与讨论和制定学校“十二五”发展规划。

4. 整合学校对外关系的机构和组织，加强校友会力量，强化校友会的功能和作用

积极开展全方位的对外关系，争取企业、政府、媒体、校友和学生家长对学校发展事业的支持，不断提高华南农业大学在社会上的影响力和知名度。

赴美国马里兰大学培训项目
华南农业大学中层管理培训班全体学员
二〇一〇年八月二十四日

美国大学启思录

据《读者》2011 年第 10 期报道，负有盛名的《泰晤士报高等教育》对全球 13 万所大学进行了调查和比较，评选出了 2011 年最具声誉大学榜。在全球最顶级的 10 所大学中，美国竟占了 7 所，即排名第一的哈佛大学；排名第二的麻省理工学院；排名第四的加州大学伯克利分校；排名第五的斯坦福大学；排名第七的普林斯顿大学；排名第九的耶鲁大学；排名第十的加州理工学院。

美国的大学为什么这么“牛”？其内在原因有哪些？本编的 16 篇文章，从不同侧面为此提供了可供参考的答案。

美国大学的人性化管理

胡浩民

2010年8月，在美国的10所高校考察，美国大学校园的人性化管理给我们留下了深刻印象。

这种人性化的管理体现在细微之处，即对个性的尊重，对师生的呵护，对个体自由的崇尚。

一次，我们行走在加州大学旧金山校园里，岔路口的草丛中突然传出“叮……叮叮咚”的悦耳铃声，我们当即好奇地四处张望。

看到我们疑惑的眼神，陪同考察的华南农业大学校友贺教授解释说：“这是一只盲人导航仪发出的声响，专为盲人学生服务的。在未采用电子装置前，是用风铃挂在树上作导引的。”细问之下，得知加州大学从招收盲人学生之日起，便有这种人性化装置提供服务。

哈佛大学拥有的藏书在全世界大学中排名第一，大大小小的图书馆（室）共80多个。我们看到其中一个楼高3层的图书馆，外观雄伟气派，是典型的欧式建筑。据校方介绍，这是一位名叫哈里的哈佛学生在泰坦尼克号处女航中遇难后，其母捐款给哈佛建起了这幢图书馆以纪念其子，并与校方约定图书馆建成后外观不能更改。校方一直信守这一君子约定。

美国大学校园的管理尊重个性，很人性化，但并没有因此否定自律精神，更没有因此忽视爱国精神、团体合作精神的教育。

马里兰大学主校园有一个近百亩的大草坪，每天数以千计的师生在草坪上穿梭往来。在草坪初建之时，校方有意事先不作草坪的小路铺设规划，任由师生在草坪上踩踏出最有效率、最便捷的路径，日久便成泥路，校方再在泥路上铺上水泥。水泥小路铺好后，师生们则自觉地沿路行走，不再踩踏草坪。

参观耶鲁大学建于1750年的老校区，学生导游King特别向我们介绍其中的一尊年轻人铜像。他虽然手脚被绳索捆绑，却昂首挺立、目光坚毅，傲视远方。“这是美国最早的‘间谍’——耶鲁大学1773级的21岁学生尼森。他当时为华盛顿争取独立的军队服务，初次执行刺探情报的任务，就被英国殖民当局抓获枪决。这尊铜像是为纪念他为国家独立所做的牺牲而建的。”

耶鲁大学校园中的尼森铜像

（图片来源：blog. sina. com. cn/luxinqin）

美国大学校园重视细节的人性化管理往往会起到引领社会风尚的作用。在加州大学旧金山分校校园内，贺教授一再提醒我们，校门口立有

“校园吸烟，罚款 58 美元”的警示牌，希望来访的“烟民朋友”别因疏忽犯规而被罚款。

据介绍，加州大学对“吸烟危害健康”这一认识，在许多年前便付诸行动，率先在校园办公室倡导不吸烟，之后扩展到校园公共场所，最近又提出校园内禁止吸烟。大学校园限制吸烟的做法经由美国媒体的宣传已迅速扩展到全国，影响着全社会。

这种体现对人性尊重的校园限烟文化得到社会的广泛认同。“5 年前，美国酒吧已不允许吸烟了。”贺教授向我们补充说。同行的几位“烟民同事”谈起在美式“吸烟区”的体验：几位吸烟者围着酒吧门口一根上过黑漆、碗口粗的钢管，边闲聊边吸烟，再将吸过的烟蒂往钢管上方的洞子里丢。“吞云吐雾”者得靠管子近一点，以免影响到不吸烟的人。

关于美国大学战略规划的几点体会

冯定远

如何处理好战略规划的整合性与大学组织的松散性二者之间的矛盾，事关大学的长远发展和影响力。大学战略管理的任务在于创设一种机制来促进大学系统有序状态最大化，也就是达到大学与其他各种社会因素之间以及大学内部各要素之间的相互协同作用的目的。在美国马里兰大学的培训学习中，有一个专题是战略规划，我结合查找的资料了解到，马里兰大学作为最早尝试运用战略管理的美国大学，在战略规划方面积累了大量的经验，可以为我国大学的战略管理实践提供一些借鉴。

一、战略规划与大学管理

规划是一个单位或机构在发展过程中，对未来影响决策因素的调查、分析和预测，以及根据这些因素及本身的特定条件、性质、发展规模、发展方向等战略性问题所作的因应措施，为一个单位或机构的持续发展定出方向、目标和对策，避免短视行为和陷入重大的决策失误。在发展过程中，存在着许多未明朗的变数，现代型的单位或机构的主管，尤其一个单位或机构的高层领导必须具备良好的素质，能够高瞻远瞩，选择最佳的方向和目标，带领大家同心协力，在竞争中不断发展壮大。但是，个人的能力、学识和价值取向毕竟有其局限性，为了保证在制定目标时能够有其前瞻性，在其内部必须有一种机制或制度来适应这种需要，这就是规划。规划（planning）和计划（plan）是两个不同的概念，规划涉及的是战略性的问题，而计划更多涉及的是战术性的问题。规划是一种不明确的方案，计划是一种具体的措施。战略性规划是制定一个单位或机构的主要目标、政策和战略的过程，用来指导资源的获得、资源的分配和资源的使用，以便使一个单位或机构获取更高的效率和影响力。战略规划所包括的主题可为一个单位或机构的每一种活动，如发展规模、财务、人事、公关、法律，等等。战术性规划（许多时候是一种计划）则主要是制定一个单位或机构具体部门的次目标或次政策的过程，主要是为一个单位或机构的某个部门完成战略任务而设定的。例如，人事部门的人才引进与训练、科技部门的项目申报。

战略管理背景下的大学发展从本质上需要加强大学内部各分系统的整合性，大学是一个松散连接的组织系统，多元的组织目标、松散连接的组织结构以及高度分散的决策权构成了特有的运作模式，这使得大学的变革和发展相对复杂和困难，大学对变革其基本结构与运行过程呈抵制态势。大学的变革和发展普遍带有渐进性的特点，巨大的、突发的、全面的变革很少出现在大学组织之中。进入高等教育大众化阶段后，大学的生存和发展的内外部环境都发生了剧烈的变化，大学之间以及校内各次级单位之间对资源的竞争不断加剧，大学不仅需要加强学校次级单位制定规划的能力，而且需要更好地将这些呈松散状态的力量整合以赢得更强的竞争合力。有效的大学管理除了需要对各个院系进行资源分配外，还需要通过各种形式的信息追踪及周期性的评估来对大学进行整合。

二、美国大学战略规划的一些做法

美国大学战略管理的经验表明，在战略规划过程中加强对组织结构变量的关注有助于增强大学战略规划的有效性。

1. 将决策标准公开化，提高对战略决策过程的参与度

一是将决策标准公开化。组织控制中枢越高，规划过程的外界信誉和内部“权威”就越大。相反，对规划过程的控制范围越宽，参与程度就越广泛，那么其内部信誉也就越高，对院校和系统目标的实现所给予的支持和热情也越高。有效的战略决策建立在信任、公平和公开的基础上，相关的决策标准需要有明确的表述文本，这两者都必须经由学校领导的公开行

动和组织设计过程来实现。大学战略决策中所遵循的一些标准体现了大学的一般价值诉求，如项目或行动的质量；项目或行动的集中性，即它是否为组织的根本状态；学生、其他院系和社会对该项目或行动的需求；项目或行动的成本收益或相对效率；项目或行动的比较优势，即独特性程度等。上述价值诉求在一定程度上为大学组织提供了一个共同的价值选择基础，这有助于大学组织成员作出相对一致的战略选择，而不至于加剧学科间的利益冲突。如果大学战略规划过程的核心决策群体能够代表大多数人的价值取向而非特殊群体的价值取向，那么大学决策的开放和公平就更容易实现，从而更有利于战略决策的制定和贯彻。

二是在战略管理过程中将规划与资源分配相匹配。对大学规划和资源之间关系的持续关注不仅仅是一个操作性问题，而且是一个基准性问题。也就是说，它影响着战略规划制定后能否实施，或者资源分配能否反映潜在的战略诉求或体现战略规划的安排。因此，规划和资源的整合在某种程度上依赖于规划安排是否与实施日程、预算日程相对应，并决定着能否为战略优先发展项目提供服务。如果没有处理好规划与资源之间的关系，那么两者就可能产生冲突，甚至变得彼此不相干。当然，战略规划与资源之间的整合程度还依赖于规划和资源分配信息是否向学校全体员工公开。

三是规划的制定方式也会影响到战略实施的效果。规划制定方式分为三种：自上而下的方式、自下而上的方式、自上而下与自下而上相结合的方式。虽然一个涵盖大学内部各组织参与的综合性规划过程会消耗更多的时间和精力，但它却增强了规划的公平性和公开性，可以为战略的实施创设组织文化保障，战略决策也将会更容易被大学员工接受。当然，规划的制定方式还要与大学所处的发展阶段相匹配。

据介绍，马里兰大学制定了10年战略规划并公开规划的细节，向社会各界征求各方面的意见，该校的10年战略规划通过各种渠道收集的意见有几千条。

2. 确定合理的规划组织层级

大学组织在横向上有行政系统和学术系统的差别，在纵向上涉及校—院—系—研究所等诸多层级。在这样一个复杂的系统环境中实施战略规划，其规划设计过程就显得非常重要。在战略规划设计过程中，需要明确由谁或哪级单位作为规划主体。如果规划设计组织的层次太低，如基于系或研究所层面，那么规划过程就会增加差异化，并且各系、研究所信息的专业化程度还可能导致学校战略评估人员很难开展评估工作。结果是，所有的大学组织成员都参与制定单位规划，但为了提高自己所属单位的优势，各单位的规划都很少考虑到与其他单位的合作。对数量庞大的学校基层单位规划过程的评估也会消耗大量的时间，并进一步加大各单位间的差异和冲突。与之相对应，如果选择的设计单位层次太高就可能会脱离实际，从而无法激发大学的核心运作单元开拓战略思维进行选择。因此，在进行战略规划设计时，大学需要认真思考并决定战略决策组织的层次。为切实增强战略核心的坚固性和整合性，一条重要的途径是以团队方式整合被选单位，鼓励那些拥有相似学科特点的单位合作并共同制定规划以增进交流、合作和效率。

为了兼顾基层单位的代表性和高层的整合性，可以组成战略委员会。例如，马里兰大学的战略委员会有 25 名教授参加，下设 5 个分委员会，负责不同的专项。

3. 加强大学内部各单位间的沟通和交流

美国大学在战略规划过程中普遍强调沟通和交流的重要性，主要表现出以下几个特征：

一是由学校高层管理团队制定学校规划指导文件。规划指导文件是一个激发自下而上讨论的关键工具。美国大学的规划方式大都要求学院和系的战略应在校领导确定的方向下来制定。其规划实践表明，战略重点并非产生于会议和讨论，而是首先产生于学校的高层领导，然后对其评论、修正并通过战略规划二级单位之间的相互交流和协商而重构。

二是对院系和职能部门的规划进行评估和提供反馈。对院系和职能部门规划的评估包括对院系和职能部门的使命陈述、规划草案以及规划文本的评估。但是评估过程可以增进大学规划的整合性。这种设计方式一方面有助于加强大学和二级单位之间的交流；另一方面，评估主体构成的多元化还为征求大学其他成员的意见提供了机会。

三是加强大学内部的直接沟通和信息共享。在制定学校战略规划时与各单位成员的沟通和交流是整合高度差异化的大学组织的重要途径。一般可以从两个方面实现大学内部的直接沟通和信息共享。首先，在战略规划过程中，增加大学成员的参与机会。在检查和评估二级单位规划时把单位规划提交给教师委员会分析和评论，并与由行政人员、教师和学生组成的规划委员会进行直接交流。其次，将战略规划结果尽量公开化。定期向全校成员分发规划优先项目文件。该文件不仅将大学优先发展项目一一列出，而且公布了各院系的未来规划和高层领导对各规划的详细批示。另外，其他的一些途径也可以增进大学内部的直接交流，如公开会议、学校公告等。

对规划的制定和评估过程是一个不断完善的过程，虽然评估会耗费较多的时间。例如，马里兰大学的战略规划报告一般花1年以上的时间。

4. 加强校内各单位的战略规划制定水平

大学组织内部的差异性决定了自上而下地制定大学战略规划往往失效，有效的战略管理过程应该在尊重校内各单位自主性的基础上适度集中。有效的大学战略规划过程应该同时加强校内各单位的战略规划水平，即不仅强调校内各单位规划的结果，还重视其规划的过程。

一是为校内各单位提供规划咨询，即推荐外部规划咨询专家来协助其制定规划，或指派有经验的内部专家来主持单位层面的规划讨论。在制定学校战略规划时，学校层面、各院系层面都成立了战略咨询委员会。战略咨询委员会一般由理事会理事和规划方面的专家组成，专家大部分来自美国的其他高校，少数来自海外的高校或企业。咨询委员会的会议讨论议题主要是围绕学校的战略规划展开，其目的在于评估各院系的战略规划与学校整体规划的契合情况并提供咨询，最后以报告的形式呈交给学校规划委员会，学校方面则针对提出的批评和咨询意见以书面的形式反馈将要采取的行动。

二是为校内各单位提供进行战略规划和管理的数据。大学战略规划离不开数据的支撑，在制定学校整体战略规划过程中，规划数据的增删和传播还可以在全校范围内激发出一个更具反应性、建立在数据基础上的决策过程。

三是优化校内各单位的规划文本格式。如果学校战略规划的目标是激发各单位战略决策的责任意识而非仅仅做“表面文章”，那么就应当将这一需要体现在对校内各单位规划报告的要求中。

大学要求校内各单位制定规划，一方面是学校整体规划的要求，另一方面是各单位发展的需要。加强指导很有必要，在指导协调的过程中，适当对某些单位或学科给予倾斜支持。例如，马里兰大学在其他项目中提取30%的管理费，对学校需要发展的学科给予支持。

三、几点体会

大学战略规划有效实施的重要环节在于重视大学组织结构设计，激发大学不同层面的战略决策的参与能力，并进一步将这些差异明显的决策整合为促进大学发展的力量。该过程的关键在于：一是激活并提高校内各单位的战略规划意识和能力；二是增强校内各单位的战略规划整合能力。对初试战略规划的我国大学来讲，可以借鉴美国大学战略管理的成功经验，并在以下几个方面进行完善。

1. 加强战略规划过程的参与度和整合性

参与是有程度区分的，参与度不仅意味着参与成员来源的多元化，还需要参与成员发挥作用。目前，我国有些大学在制定战略规划时，虽然参与人员的成分已趋于多元，但发挥的作用还不够充分，战略规划仍然只体现了学校少数人的想法，规划工作实际上仍是“规划部门的事”，战略规划的系统性和可行性不强，战略规划实施成效低，校内的各种资源缺乏整体配置，各单位的分散性大于整合性，各个部门各自为战，各项工作依旧缺乏协调。在这种情况下，我国大学可以借鉴美国大学战略管理的经验，改进战略规划制定过程，将战略规划过程透明化、公开化，使学校成员真正参与到战略规划过程之中。这在一定程度上还有助于使学校成员的关注点从单位特殊利益向学校整体利益转移。

2. 提高战略规划的科学性和权威性

从美国大学战略规划的过程看，信息数据发挥了重要的作用。然而，就目前我国大学的战略制定情况来看，战略规划制定的科学性仍然不足。很多大学并未有效运用战略管理方法方面的知识和技术，不论是信息的收集还是分析都缺乏系统性和科学性。政策、经验与计划传统依旧是大多数大学制定战略规划的主要依据。有学者总结了现在我国大学制定的发展规划的类型，认为主要属于两种类型：一是“长官型规划”，主要反映学校领导，特别是校长、党委书记和分管规划工作的校领导的意见、愿望和构想；二是“拼凑型规划”，由部门的子规划拼凑而成。战略规划科学性不足的典型表现在，各大学在战略目标设定上趋同性、盲目性明显，部分指标不切实际，客观上存在着追求“综合化”、追求“升格”办一流学校的倾向；而且，由于缺乏针对性，规划普遍流于文字形式，做给别人看，对外可讲，对内不可用。规划的权威性被削弱，加之缺乏必要的措施保证，美好的愿望常常落空，最终也就难逃“墙上挂挂”的命运。战略规划的科学性的提高，需加强对战略管理理论的学习和实践，建立专业化的队伍和机构，并逐步建立学校的基本数据库，这是大学战略管理有效性的基础。另外，还需要进一步明确战略规划在学校发展中的引领地位，制定适当的评价标准，明确责权，发挥战略规划促进大学发展的作用。

3. 加强战略规划过程中的沟通和交流

研究表明，竞争和环境的不确定性的增大要求决策过程提高水平和垂直纬度的参与，以及更多组织间的、自下而上的交流和信息共享模式。美国大学战略管理实践也印证了沟通和交流对于大学发展的重要作用。然而，从我国的战略规划实践来看，在规划制定过程中不论在水平纬度还是在垂直纬度上都普遍缺乏沟通和交流。在垂直纬度上，呈现出一种自上而下的信息流动状态；在水平纬度上，校内各单位之间各自为政，分守着各自的利益。如在学校战略重点的确定上，普遍的做法是经验加政治协商。在缺乏沟通和交流情况下制定的战略规划很难激发学校成员的组织忠诚，也难以提高大学的整合度，故需要通过评估和反馈、信息共享等方式来加强战略规划过程中的沟通和交流。

美国高等教育体制模式、绩效及其启示

张日新

本文介绍了美国高等教育的办学体制、管理体制、教育结构模式、绩效评估体系，从教学功能、科研能力和社会服务能力三方面对美国高等教育的教育功能绩效进行了定性分析，对美国高等教育的主要经验进行了深入的总结，并在这些基础上提出发展和完善我国高等教育的政策建议。

一、美国高等教育体制模式

（一）办学体制

美国高等教育中公立学校和私立学校并重。在现有的4 096所大学中，私立大学所占比例为58%。公立大学和私立大学的本质差别在于其办学经费来源和学校控制形式的不同：公立学校是由联邦政府、州政府和地方政府资助的学校，以州政府管理为主，是各州高等教育的主体，其注册学生的比例占到总量的79%（1998年）；而私立大学主要经费来源是学费、研究经费和捐赠。美国私立高校在美国高等教育中具有十分重要的地位。私立高校根据学校特点不同，可分为研究型大学、城市服务型大学和文理学院三种形式。私立研究型大学占全部研究型大学的比例超过1/4，在最优秀的前20所研究型大学中，私立学校和公立学校平分秋色。城市大学由于其职业教育内容和开放式等特点使之与公立学校很相似。私立文理学院在多样化的美国高等教育系统中也扮演着重要的角色。

（二）管理体制

美国高等教育实行分权管理，学校高度自治。管理机构主要分为三级：联邦政府和教育部、州政府、高校自身管理。联邦和州政府的管理权力有限，实质上采取的是地方分权模式，具体事务基本上由学校自治。

1. 外部管理体制

联邦政府，一般情况下对高等教育没有直接管辖权，而只是依据国会制定的各种法律，通过教育拨款，对高等教育实施间接的控制。州政府对高等教育很多方面事务负有责任，其行政组织一般分为州教育董事会和州教育厅两部分。州教育董事会代表立法机构，承担教育立法，确定教育政策，通过预算决策等职能；州教育厅是执行机构，从事行政职责。

2. 内部管理体制

高校内部管理组织是一个高度发展的、科学而严密的组织，主要由校董事会、校长以及校一级管理机构和院系级管理机构构成。高校董事会对本校拥有较大的自主管理权。校长是董事会下的首席执行官员，负责管理学校的各项事务，向董事会负责。院系级管理主要实行院长和系主任负责制，院长一般由学校最高官员任命，而系主任既要向一个或几个院长负责，并向一个或几个校部官员负责，同时又要向本系具有同等地位或接近同等地位的同事负责。

二、美国高等教育结构模式

（一）大学类型

美国高校教育体系庞大，按办学层次可分为研究型大学、综合型大学、四年制学院以及两年制初级学院和社区学院。研究型大学特别注重研究工作，设有本科生部和研究生院，同时还设有法学院、商学院和医学院等高级专业学院。综合型大学，其专业比较齐全，下设数个院系，以本科生教育为主，兼招硕士研究生。四年制学院，侧重于本科生教育，主要提供人文科学、社会科学和自然科学三大领域的基础课程。两年制初级学院和社区学院，多数为地方社区所办，主要靠公费维持。

（二）学位体系（层次）

美国高等教育学位结构，从纵向可分为四层，由低向高排序为副学士、学士、硕士、博士。另外，还有一种以职业训练为特点的第一级职业学位。从横向来看，博士学位层次：哲学博士是最高的学术学位，其他的博士学位授予达到某些职业领域专门要求的博士生。硕士学位层次：一是文硕士和理硕士，要求掌握某一学科领域的高深学问，具有进行学术研究的能力。二是具有职业取向的硕士学位计划的学习，如教育学硕士等。三是指完成了第一级职业学位研究领域之外的硕士学位学习，如图书管理法学硕士。学士学位层次：分为四大类按12个学科授予学士学位。

（三）高等教育发展模式

1. 通才教育模式

通才教育模式是美国各大学百余年来经过不断实践而作出的选择。随着时势的变化以及高等教育大众化和普及化，美国原本的古典主义传统以及完全让大学教育放任自流的发展模式都不太适应社会的发展，违背大学教育的本义。1945年，哈佛“自由社会中的通才教育”研究委员会提出了后来被称为“哈佛红皮书”的《自由社会中的通才教育》报告，该报告认为，通才教育目标是把大学生培养成一个完整的有教养的人，其课程应该包括人文科学、社会科学和自然科学三大领域。因此，通才教育就在传统的古典主义教育和专业教育之间充当了调和角色，使美国大学教育中“人的培养”和专业知识的教育能互相协调地发展。通才教育把专业教育放到了更广阔的背景下进行，并强调综合能力上的专业教育，注重能力和方法的重要性。1909年，哈佛大学校长洛维尔建立了主修和分类必修课程，规定学生在完成毕业所需要的16门课程中，有6门必须集中在一个学科，另外4门必须在文学、自然科学、历史和数学中各选一门，剩余6门才可由学生自由选修，这样既能满足专业知识的需求又能培养学生的综合知识。目前，美国各大学广泛采用了这种主修和分类必修制度，而且在其通才教育中还设立了综合概论性课程。

2. 普及化教育模式

根据联合国教科文组织的统计，1980年美国的高等教育毛入学率就达到了55.6%，到1990年，达到74.1%，特别是90年代以来，随着美国经济从谷底回升，更加速了高等教育普及化的进程，到1999年，25～29岁的美国人中，66%的人完成了高等教育。在美国高等教育普及化的历程中，社区学院起着不可替代的作用，它适应了多数民众普及高等教育的要求。社区学院以为所在地提供教育计划和服务为宗旨，主要提供升学教育、生计教育和社区服务。现在美国社区学院入学人数已经超过1 000万人，占到全美大学新生入学人数的50%，在就读大学生当中，社区学院占到总量的45%左右。社区学院以其灵活的教学管理制度、多样化的学习方式、低廉的学费和毕业生的高就业率，深受美国普通百姓的喜爱，也促成了美国高等教育的普及化。

3. 自由发展模式

美国高等教育一直强调“大学自治”和“学术自由”，这是其自由发展模式中的突出特点。高等教育的自由发展体现在教育的各环节均由社会进行调节，从教育投资、管理、师资调配、招生分配到专业、课程、教材等均没有统一计划，而是由各教育单位（行政区域、学校、学区）或教师自己决定。在美国，任何团体和企业组织都可依法申办私立学院或大学；无论公立或私立院校，都有权自由挑选学生，自行决定专业设置、教学计划、课程安排和学位标准。“学术自由”则在美国研究型大学中得到充分体现，这些大学不仅对国内的各种学术观点兼容并蓄，让不同的学术观点和学术派别自由竞争，而且还欢迎世界其他各种文化的渗透和影响。90年代以来，美国政府加强了州一级政府对高等教育的统筹协调，使得高等教育的自由发展在适度协调下更加有序，活力得到更好的体现。而且为使美国大学教师学术自由权利得到制度性保障，终身教授制度成为美国高等教育中独具特色的一个方面。在美国几乎所有的研究型大学和四年制学院都实行终身教授制度，体现了美国社会对学术自由的重视和追求。

三、美国高等教育绩效分析

（一）绩效评估体系

美国对高校的绩效进行评估一般由外部质量评估和内部质量评估两方面构成。

1. 外部质量评估

美国高等教育外部质量评估一般分为整体评估（或称院校评估）和专业评估。整体评估通常是对大学和学院的管理水平、经费、设备、图书资料等硬件进行细致的审查和评估来保证并提高其教育质量。专业评估一般是对院校中某一或某些专门职业性专业教育进行全面鉴定，这些专门职业性专业往往与公众生活、安全相关，如医药、法律、建筑、商科等，一般不涉及基础学科。

2. 内部质量评估

美国高校内部质量评估更注重对教师的教学、科研水平和公共服务进行评估。教学质量的评估主要从学生的角度对教师的教学效果进行评估，要求一个称职的教师必须具备良好的师德、渊博的知识、较强的逻辑归纳能力、口头表达能力以及得当的教学方法。当然，学年工作量、学生成绩和指导学生科研情况也是考核内容的一部分。科研工作考核主要看教师所取得的成果，如论文发表的质量和数量、参加学术会议的次数及级别以及审阅论文论著的情况等。公共服务方面主要看教师在学校、社会是否担任工作并作出实际贡献。

（二）高等教育功能绩效分析

本文主要从教学功能、科研功能和社会服务功能来对各国高等教育的绩效进行定性分析。

1. 从教学功能分析

美国高校一切以服务学生为最高准则，成功地使大学生成为具有实际工作能力、富有创造性且社会适应能力强的人。第一，其专业和课程设置符合社会需求。美国高等教育的专业名目齐全，学生完全可以根据自己的喜好和志趣进行选择，还可以根据专业前途、就业前景、教师的水平和自己的适应能力等，要求调换专业或转换学校。学生对课程的选择更为自由，一般必修科目较少，而选修科目较多，学生只要修满学分，便可获得相应的学位。第二，教师通过教授、演示论证、专题讨论会、科研实践等灵活多样的教学方式鼓励学生参与教学过程，注重学生的主观能动性、个性特征和创造力的发挥，充分培养了学生的自学、归纳、整理的能力以及开拓精神。第三，学校通过积极组织学生参与社会服务和丰富多彩的校园文化活动，从不同侧面使学生深入社会、了解社会，培养学生公民意识，培养了学生服务于社会的道德观念和融入社会、适应社会的能力。

2. 从科研功能分析

美国高校不但是知识创新的基地，还是科技转化的平台。美国大学是一个研究中心，尤其科研型大学的各项工作及教师都是以科学研究为主，使得大学成为知识创新源地，为经济建设研究新的理论和应用成果。目前，美国大学承担了全国3/5的基础科学研究工作；从1975年至1990年，美国获得诺贝尔奖的科学家总共37人，其中90%是在大学工作。又如从专利发明来看，据统计，1993年全美计算机科学方面28%的新技术，药品制造方面37%的新品种、新工艺和新方法是由大学提供或发明的，化学药品和新型材料方面则有高达44%的新品来自大学。美国高校科研不仅使教师能够及时地把学科的最新成果传授给学生，而且还不断地将科研中涌现的知识转变成技术创新的源泉和巨大的经济效益，从而促进知识经济的发展。

3. 从社会服务功能分析

美国是个务实的国家，特别强调高校的社会服务功能。美国高校实质上就是一个提供服务的机构，各项工作的目的都是为社会提供可持续的智力支持和人才支撑。一是根据经济发展的需求及时增加和调换专业和课程，不断为产业经济输送大量合格、急需的人才。二是通过产学研相结合，把学校的科研成果转化为生产力而直接服务于经济建设。三是为地区经济建设和社会上一些弱势群体开展广泛服务。高校不仅同政府机构有合作项目，还同其他的企事业单位建立长期合作关系。其中，美国社区学院扎根于社区，服务于成人，更是充分体现了其社会服务功能。

四、美国高等教育的经验总结及对我国高等教育发展的启示

（一）主要经验总结

1. 致力于科技创新和创新型人才的培养

美国一直把高校作为科技创新的载体，不断促进有益知识的发展，鼓励高水平的技术创新。美国高校，尤其研究型大学一方面在全国聘任一流的具有创新能力的学者做教师，另一方面设立各种奖学金招收最优秀的学生，为科研提供良好的智力资源。目前，美国高校拥有全国60%的科学家和工程师，直接推动了美国科技事业的发展。美国大学实行“教与学自

由"的原则，不断地引进与社会经济、科技发展息息相关的新学科，及时调整相关课程和专业的设置，使学生能洞悉最新最前沿的科技动态。教师通过研讨式的教学方法，以问题为导向，不断开拓其创造性思维和科学精神，使学生了解研究方法，提高其科研素质和创新能力，充分调动学生钻研科技的主动性，推动美国高校培养了大批优秀的创新型人才。

2. 形成了多元化的融资渠道

经费危机是很多国家高等教育发展面临的一个共同问题，多渠道筹集高等教育经费是解决经费不足的有效手段。美国大学由于其学校类型迥异，经费来源不尽一致，形成了多层次、多形式的筹集教育资金的渠道，其教育经费总额占美国国民生产总值的7%。总体说来，美国高校经费主要来自四个方面：政府拨款、学费、高校为企业和政府部门基金会承担项目或提供服务的收入以及企业、基金会和校友的捐赠。正因为这种多元化的融资渠道，才带来了美国高等教育巨额的经费投入，从而保证了其高水准的教学和科研质量。在我国，教育经费短缺是影响高等教育事业发展的关键因素之一，因此应该在进一步加大政府投入力度的基础上，积极运用市场机制开辟多种渠道以筹集教育经费。

3. 须将精英教育和大众化教育有机结合起来

世界高等教育发展的总趋势是由精英教育向大众教育，再向普及教育发展。由美国高等教育大众化、普及化的发展道路可分析得出，美国一方面重视精英教育，适当增加了研究型大学，以培养拔尖人才；另一方面大量发展了初级型学院以回应多数民众普及高等教育的呼声，为社会培养大批合格的专业性、职业性的技术、管理和服务型人才，最终使得高等教育适应了经济发展和民众的需要。高等教育的大众化能为精英教育提供更广阔和深厚的基础，可以扩大选拔培养精英的范围。而精英教育发展了，又可以提高大众化的水平。值得一提的是，在开展"大众化"和"精英"教育过程中，美国社区学院建设和研究型大学的办学经验值得我们借鉴。

4. 高等教育须面向社会、面向未来，广泛开放

美国高校教学、科研和社会服务的三大功能都充分展现了其面向社会和经济、面向未来的教育特点，根据现代化的经济和社会发展的需求培养现代化人才和提供最新科研成果，使理论和社会发展有机结合起来。另

外，美国大学要么是城市的一部分，要么是远离闹市的“花园式”大学，与企业、政府、高校、科研机构、校友、学生和家长的联系非常紧密，完全与社会融为一体，在侧面反映了其面向社会、开放式的教育风格。但是在我国，高校个个深院高墙，与外界的联系相对较少，专业和课程的设计与社会经济产业的需求相脱节，导致人才在数量和质量方面都无法满足社会的需求。总之，高校必须开放式办学，提倡与多种文化相融合，与社会各界建立广泛的联系与交流，不管是从办学定位上，还是师资及学生来源上都应面向社会，面向未来，才能实现高等教育的可持续发展。

（二）对我国高等教育的启示

美国高等教育的教育模式、绩效和经验，有其特点和优点，并且在不断地改进和完善。在此，我们总结并借鉴其高等教育经验，扬长避短，取其精华，以推动我国高等教育健康而快速地发展。现对我国高等教育的发展和完善提出如下建议：

1. 把高校作为科技创新的载体

我国应效仿美国把高校作为科技创新的载体的观念，不断促进有益知识的发展，鼓励高水平的技术创新，把高等教育定位于致力科技创新和创新型人才的培养。同时，重视教育立法，构建完善的高等教育法规体系，保障高校教育的正常健康发展，也体现国家对高等教育的重视。

2. 实行精英教育和大众化教育并举

我国的高等教育应面向社会、面向未来，实行精英教育和大众化教育并举，可以借鉴美国发展短期大学、高等专门学校和高等专科学院等的经验，重视实用技术人才培养的经验，大力发展我国高等职教在内的高等教育，为经济高速发展提供充足的人力资本。另外，政府应建立终身学习体系，把振兴教育作为面向新世纪的基本国策。

3. 高等教育应采取多元化的融资渠道

在进一步加大政府投入力度的基础上，积极运用市场机制开辟多种渠道以筹集教育经费，建立国家、地方、社会、个人分担机制，公办、民办相结合的教育财政体制，解决高等教育经费不足的问题。

4. 组建优秀的管理团队和建立完善的多方位高教评估机制

组建优秀的管理团队和建立完善的多方位高教评估机制，目的是以评估促改进，并重视和重用学术带头人，突显学术人员的价值，保证教师质量，以提高和保障高校的水平和国内外的声誉。鼓励和提倡学术自由、学校自治，形成高校自主和自律相结合的自治之道，根据高等教育的发展规律和市场的需求，自主组织和处理相关事务。

5. 重视学科的发展

提倡和支持高校为国家和社会服务，体现其巨大的价值和发展前景。实行产学研一体，同时应重视学科的发展，提高具体研究层面的创造力和活力，提高高校的整体实力。鼓励和支持国际合作交流和科研人员流通，在全球化、信息化时代，通过推动高教国际化来提高高教水平。

6. 加强高校文化设施的建设

进一步创造良好的高校人文环境，实现科学精神与人文精神的充分结合，加强高校文化设施的建设。因为校园文化是一种软环境，对实现学校建设目标和凝聚师生创造力与奋斗精神都起着十分重要的作用。为此，国家政府和高校自身都应加强对校园各类文化设施的投入，并向全社会充分开放，营造良好的高校人文环境，实现对文化资源的共享与文化设施的共建。

参考文献

[1] 姚云. 亲历美国高等教育之感. 交通高教研究，2004 (5).

[2] 戈飞平. 美国高等教育财政政策分析及其启示. 华东经济管理，2004 (3).

[3] 张慧明. 美国高等教育繁荣探究及对我国的启示. 扬州大学学报（高教研究版），2004 (4).

[4] 霍梦兰，邓鹏图. 90 年代以来美国高等教育发展模式探讨及对我国的启示. 理工高教研究，2004 (5).

[5] 耿益群. 20 世纪 90 年代以来美国大学终身教授制度研究综述. 比较教育研究，2004 (7).

[6] 刘晓瑞. 美国高等教育的特点与思考. 教育理论与实践，2004 (7).

[7] 王时刚. 对美国高等教育的认识和思考. 长春工程学院学报（社会科学版），2003 (3).

与马里兰大学罗伯特先生的书法友情

胡浩民

每出远门，我有带上宣纸、笔、墨临帖的习惯。这次赴美国参加短期培训，不料书法竟成了交友的桥梁。

2010 年，入夏七月，地处美国中部的马里兰大学一如广州的酷暑，热不可耐，室外温度高达35℃，负责接待我们这批来自华南农业大学受训学者的“美华培训中心”主任罗伯特操着一口流利的汉语，他那摆满中国书籍和艺术藏品的办公室，展现了他对中国文化的关切和热爱，其炽热程度不亚于室外的炎夏。

在他不足 20 平方米的办公室里，摆放着海峡两岸中国人制作的神态各异的两尊邓小平塑像，几十只反映中国民俗历史生活场景的栩栩如生的微型泥塑以及南京的古代墙砖，广东的端砚，中国的历史书籍、诗词、小说，甚至还有一本泰国出版的中英文对照的教你如何练习中国书法的书！更令我们这些来访者极感诧异的是挂在墙上的一幅装裱上乘的利玛窦碑文拓片，中英文对照的碑文清晰可见。我们好奇地向主人询问它的来历，罗伯特很直率地告知，那是 1991 年在美驻华大使馆离任时有关部门帮忙弄到的，“他们问我离开北京前有何需要，我曾在北京市委党校瞻仰过利玛窦的墓地，因此我提出来有无可能获得利玛窦碑文拓片作个纪念，他们马上破例给我办了，我太开心了”。后来，他将拓片拿到北京荣宝斋装裱，悬挂在墙上的利玛窦碑文拓片，成了一幅书法艺术珍品。作为一名书法爱好者，我非常佩服罗伯特的艺术眼光，他竟然懂得如何挖掘中国名人古碑文的拓片，还懂得在北京荣宝斋装裱保存！

随着在马里兰大学培训的日子增多，我和罗伯特的交往也愈益稔熟。

他亲自为我们开设“中美大学比较”讲座，并告知我们，“美华培训中心”自兴办以来已培训了来自中国的5 000多名官员和学者。近期来自中国接受培训的学者就达7批次，近150人。几次闲谈，他都自然地流露出为什么自己那么推崇利玛窦，“因为他是‘西学东渐’和‘中学西传’的第一人，400年来，他为中西两大文明之间架起了一座桥梁”。而罗伯特本人，自1986年以来，也一直从事与中国有关的教育和文化事业。我给他的这番经历作出一个概括：出使中国，曾任美驻华大使馆负责文化交流的官员；娶妻中国，娶了个北京姑娘为妻；研究中国，曾在南京担任过6年中美文化交流合作项目的美方主任；服务中国，担任马里兰大学“美华培训中心”主任，为中国赴美的官员和学者提供培训服务。通过对他这番经历的深入了解后，我突然悟到罗伯特之所以拓利玛窦碑文，不仅是为了收藏书法，更为了以此明志，即表达矢志美中文化交流的心迹！我因有感于此，乃赋诗一首：“中西交流忆前贤，耀眼光华四百年。华美再续光荣史，教育耕耘薪火传。”并以行书写成条幅，在第二天不避浅陋地送到罗伯特的办公室。罗伯特见书法作品，兴之所至，当即以流利的汉语吟诵诗句。他对行书“续”字的繁体及“薪”字不解，我则一一解释；他又和我讨论“华美再续光荣史”一句，我解释道，若写“美华”，似限于表达交流中心之名称，而写“华美”，则希望有广泛的两国教育文化交流的意义，是寄希望于两国学者及人民共同努力，拓展利玛窦当年的中西交流的事业，促进世界和谐，罗伯特认为这样表达更好。罗伯特说他学过中国的美术和书法，感到练好中国书法比学美术更难，“中国书法的线条、结构、布局、取势，太讲究了，外国人学太难了”。他问我用什么样的毛笔写出这样的字，能否拿出来看看，我遗憾地告知没随身带来。他则用钢笔在纸上画了一只毛笔笔头，问我是否用这样大的毛笔，我答“是的”，他微笑着得意地点点头。对于如何装裱书法作品，他一时又皱起了眉头，说在美国装裱中国书画的商店不好找。我以自身的经验提出，能否买一瓶糨糊，由我自己用宣纸托平作品再装镜框，他非常内行地回答说“不可”，“在美国找不到装裱中国字画的糨糊，如果随便用美国胶水去托，你弄不懂胶水是什么化学成分，将来宣纸变黄变质，坏了一幅书法作品”。幸好，美国人还有其他“对付”的办法。罗伯特提出将作品细心熨平后，用红色的绢布托边，再镶以黄色的镜框，“这将是可以令你放心的装裱方法”。

我此前曾以褚遂良楷书笔意抄录马里兰大学校长发展美中教育的一段话，作为华南农业大学全体培训学员毕业培训的礼物送出。对这幅楷书作品，罗伯特主动提出要悬挂在“美华培训中心”厅堂一侧，以替换一幅国画印刷品。而送给他作为纪念的行书条幅，将挂在利玛窦拓片中堂的一侧。

在马里兰大学的短暂培训虽已结束，但太平洋彼岸一位热心于中美文化交流的学者形象历久弥新。从罗伯特身上，我看到了中美文化交流的美好前景。如果说，改革开放之初，中美综合实力的巨大落差，必然造成美国文化对中国文化的“入侵”之势，但随着中国综合国力不断增强，具有五千年深厚底蕴的中国文化，也必将随着中国的崛起而愈发彰显其魅力，也必将吸引越来越多的“罗伯特”们来研究和传播中国文化。因此，中美文化交流的前景日益美好。

马里兰大学的人力资源及其管理

曹先维

本人有幸参加学校派往美国马里兰大学的中层干部管理培训班的学习，经过20多天的系统培训，对美国的高等教育特别是马里兰大学的高校管理和实践有了一个较为系统的认识。结合自己过去所从事的人事管理工作，现将马里兰大学的人力资源及其管理的主要部分作一介绍。

一、马里兰大学的人力资源

有着近150年历史的马里兰大学，是一所在美国排名前列（近3年排在53~55名）并在世界范围内拥有较高知名度的公立研究型大学，其是在成立之初的马里兰农业学院基础上发展起来的。目前，该校有7个部和13个学院，涉及农、工、文、理、艺术、社会科学、新闻、教育、公关政策、公共卫生、商学等多个学科门类，现有在校学生36 500人，其中本科生26 500人，研究生1万多人。

截止到2010年7月，该校雇员总计18 584人，主要由七类人员组成：第一类为常聘教师、科研人员3 412人。第二类为常聘员工4 561人，其中受联邦“公平劳工标准法”管理的非免除性雇员（一般为办公室文员、服务员及技术工人等）1 911人，这部分雇员规定一周工作40小时，超出40小时以上时，超出部分的工时要按1.5倍支付薪酬；免除性雇员2 650人，他们不受“公平劳工标准法”管理，可超时工作，直至工作任务完成，这部分人大多需要大学本科及以上学历学位，包括校长、副校长、院长等及其他经理级管理人员等。第三类为一类非常性员工1 232人，计时雇佣，按小时支付工钱。第四类为二类非常性员工 295 人，一般为合同制聘用，一年一聘，按月薪支付。第五类为研究生助理 3 135 人，协助开展学术研究、教学及管理（行政）工作。第六类为外聘兼职教师 432 人，按讲课的课时数支付薪酬。第七类为学生雇员有 5 517 人，参与到学校教学、科研、管理、服务等各项工作中。上述人员费用除研究生助研费用由科研课题主持人支付外，其他人员的薪酬一律由学校预算拨款，人力资源部负责核发。

二、马里兰大学的教师招聘

（一）招聘条件

马里兰大学招聘教师必须符合以下条件：

（1）学历要求：毕业于为社会认可的美国正规大学，一般应具有博士学历学位，少数也可放宽至硕士学历学位；

（2）科研方向：应与所求职务系部的研究内容和目标相一致；

（3）在研究领域的表现：主要考察其已发表论文的刊物级别、科研课题级别及研究经费多少等；

（4）教学经验及发展潜力：通过是否有教学经历及其表现，以及试讲表现等考察；

（5）良好的推荐：应聘者所提供的知名教授的推荐信及其与知名教授的关系；

（6）学缘结构：讲究教师的多样化，注重考察毕业学校、文化背景等。

（二）招聘程序

一般教师由各系部教师代表、学生代表组成的招聘委员会进行面试，招聘面试一般还要求给研究生上一堂课；应聘助理教授由学院院长审批；应聘终身教授由学院教授委员会组织面试后，报校长审批。没有设立专门的教师资格证书制度。

三、职称晋升及其管理

（一）教师结构

在马里兰大学的 3 412 名常聘教师科研人员中，终身制人员（Faculty Tenured）1 174 人，约占 34.4%；准终身制人员（Faculty Non-tenured，on Track）339 人，约占 9.9%；非终身制项目合同聘用人员（Faculty Non-tenured，Term Contr.）309 人，约占 9.1%；非终身合同制续聘人员（Faculty Non-tenured，Continuing Contr.）1 590 人，约占 46.6%。

（二）教师职责

在教师队伍中，终身制教授是重中之重，是学校办学的核心力量，其承担三大职能，即教学、科研和社会服务。教师的服务任务分校内服务（担任委员会成员：决定课程、教学改革和招聘新教师等事项）和校外服务（任某机构官员或杂志社编辑或学术团体兼职等），这种服务仅限于其所从事的学科领域，有社会服务义务的一般为终身制教授，对年轻的教师则一般没有这方面的要求。

（三）职称晋升及其管理

1. 年限

马里兰大学新接收的博士，一般要求在 6 年内要晋升为准终身制教授，否则会被淘汰，但一些特殊情况诸如教学科研条件缺乏或需照顾小孩或身体原因等因素，均可申请延长晋升准终身制教授的时间（可放宽到 6 年以上）。

2. 晋职考察的内容

终身制教授分为教学型、科研型和社会服务型三类，在晋升终身教授考察时有的侧重于科研，争取课题，写学术论文；有的侧重于教学成果；有的则侧重于服务社会成果，各有侧重点，不一概而论，比较合理。

（1）晋升条件最主要的是科研要求：已取得的成果及发展潜力及自身对科研的规划；

（2）教学水准的考察：对学生和教师的辅导及教改和课改的业绩；

（3）对社区服务及对系、学院和学校的服务情况。

此外，对教授的总工作量及教学最低工作量均有一定的要求，达不到要求者将受到相关问责。

3. 教师晋职需提供的材料

马里兰大学对每位教师均设立学术档案进行晋职管理，约有 80～200 页，主要内容包括以下方面：

（1）每个学院对教师晋升的标准文本；

（2）教师详细简历，特别是教学、科研情况；

（3）教师工作业绩及院系评价和审查；

（4）校外相关领域同行专家推荐或评价信（至少 6 份），提出是否晋升的意见；

（5）教学评估：同行和研究生的评估。

4. 晋升时间和程序

晋升终身教授每年评审一次，秋季至当年 12 月份由学院评审，12 月至次年 6 月由学校评审审批。晋升终身教授必须通过系、学院和学校三级评委会，最基层的系评委会也是十分重要的，最高层的为学校评委会，具有否决权。学院和学校评委会以投票方式给出结果，是否晋升最终由校长决定。马里兰大学 1993 年至 2008 年统计结果：57% 可晋升，33% 中途流动调走，7% 被拒，3% 延期晋升。马里兰大学对上述结果不满意，认为中途调走过多，提出要进行改进，加强辅导。

候选人被拒后可向校长申诉，校长认为理由充分，则提交学院和学校评委会重新启动晋升程序。在过去的 8 年间，学校收到 16 份申诉，其中 6 份不予受理，10 份进入重审程序，其中晋升的有 2 个，8 个仍维持拒绝晋升。

5. 对未取得终身教授的教师进行辅导

学校对晋升为终身教授之前的教师均进行如下辅导和帮助：

（1）配备科研助手和改善实验设备条件等；

（2）帮助他们解决后顾之忧，度过适应期，如帮助其从外地迁入马里兰州或马里兰大学，帮助配偶找工作等；

（3）系主任给每位新教师讲解晋升的政策措施；

（4）学校为新教师配备专业或生活辅导教师；

（5）为减少新教师工作压力，进校之初不安排教学或社会服务任务，使其有更多精力投入科研工作，当然，教学任务繁重的学院，则无法减免教学任务；

（6）刚开始从事跨学科或新领域科研任务并有新要求时，辅导教师与其沟通并给予帮助；

（7）对新教师每年进行工作业绩考察，主要由辅导教师对其打分；

（8）因特殊原因可允许其延长晋升终身教授的过渡期（可延长到6年以上）。

上述是对马里兰大学人力资源及其管理的主要部分的介绍。笔者认为，整体人力资源的构成、聘用及职称晋升与我校均大同小异，但值得关注或借鉴的是对晋升终身教授之前学校对教师的人性化辅导和帮助，笔者认为这是我们最值得学习和借鉴之处。

从马里兰大学的设备管理得到的启示

陈羽白

马里兰大学是一所州立研究型大学，每年财政预算16.2亿美元，其中科研经费3.88亿美元，用于设备、设施、校车等费用达1.2亿美元。我非常关注该校的设备预算、采购与管理方法。通过马里兰大学相关负责人的介绍与实地考察实验室，接触一些人员，我对以上方面问题有了较完整的了解。尽管国情不同，文化不同，美国大学在以上方面却有许多值得我们学习借鉴的经验。

一、马里兰大学实验设备管理的主要做法

第一，在实验设备购置的预算方面，完全取决于教授们的科研项目是否需要购置设备，买什么、买多少都自主决定。不像我校的“211工程”项目，购置设备要先经过专家论证该不该买，若该买，又应买什么型号为好，然后经过多层审批，才能列入预算。这种差别，也是由于经费来源不同所造成的。可以说，马里兰大学科研设备购置预算是不严格的，但在行政管理、后勤保障、校园设施、体育设施等方面的维修与建设却有严格的预算，并且执行得很好。例如，房屋的维修，50年内所有的房子翻修一次，它的总预算是20亿美元，而现在每年只能用1%（2 000万美元），因此哪一年修哪几幢房子，是按预算计划执行的（相关部门也希望能增加1%）。马里兰大学有一个很好的规定值得我们借鉴：今年预算未用完的钱可以带入下一年，但不能带入再下一年。而在10年前，是不可以的，必须当年用完，这便促使了乱花钱的现象出现。面对经济危机，马里兰大学

除了削减人员工资以外，还要求继续使用旧设备、减少各种用品等以削减设备方面的预算。马里兰大学的预算要花上整整一年的时间来做，要经过州政府、立法机关、学校董事会的审批。他们通常在7月份会告诉各学院下一年的预算是否增减，各学院提交预算时也会根据学校要求削减或在教务部门指导下削减项目。

第二，在设备采购方面，不像我国有严格的政府采购、招标投标的规定，但马里兰大学有自己的规定。负责设备采购的部门是采购供应部，由行政事务副校长助理直接领导。采购价值10万美元以上的设备，必须符合相关规定和政策方可购买。采购供应部联系多个供货商，要他们提交货物的品牌、性能指标、价格、服务等，把除价格外的资料推荐给用户选定，再向主管的副校长助理提交报告，经批准（有时需副校长批准）才可购买。其他的规定是，购置价值5 000美元以下的设备，可以随便买；购置价值在5 000～10 000美元的，至少要比较3个报价后才可以买，在采购供应部监督下进行。常规使用的设备及实验用品，比较供货公司报价后，就可自行购买，但要用校园信用卡去结账，马里兰大学发了750张共3 800万美元的校园信用卡。如此，会不会出现类似我国设备采购方面的商业贿赂等腐败行为呢？这是我们非常感兴趣的问题。在马里兰大学，由审计部门负责审查贿赂行为，每两年做一次。采购供应部（还有其他部门）的主管和该副校长助理必须提供一个采购方面的年度报告，保证每一项采购都是合法的。若违法将要受到法律的惩罚。据介绍，在美国的大学里，违法现象也是有的，两年前，马里兰州巴尔的摩郡大学有5个人因采购受贿被起诉，最后进了监狱。美国的法律是非常完善的，受贿的行为将会受到法律的惩处。另外，这种犯罪的“成本”太高，学校工作人员收入颇丰，工作前景甚好，不会因“小利”去冒险。

第三，在设备的使用管理方面。我很关心大型贵重设备的共享使用，于是便问及他们是怎么做的。一位负责人肯定地说，马里兰大学的所有设备都可以共享使用，甚至马里兰州的农民也可以来使用，因为马里兰大学是公立大学，是用纳税人的钱买的设备。问及如何共享使用时，那位负责人说，只需与设备所在的学院、实验室联系，他们有空余的时间和设备闲着时就可以使用。在考察实验室时，我专门询问了在马里兰大学实验室工作的中国学者和博士生。他们说，校内的研究项目如果要来实验室使用设备，他们都乐意帮忙，不会拒人于千里之外，但这不是经常有的，各个研究团队都有足够可用的设备。对一些必须用但又用得不多的仪器设备，通常是由几位教授合作出资购买共用。问及共享服务是否有报酬，得到的答复是否定的。学校的常聘员工（按月薪付酬）加班是没有报酬的，别人来使用设备做实验，帮忙是靠自愿的，来者仅需带来耗材或付耗材试剂的消耗费。大学没有所谓的大型设备共享使用管理系统，也没有相关的制度规定，因为共享不收费，自然没有收费的分成、工作人员的酬劳等。马里兰大学在实验室设备管理上比我们简单，单台价值5 000美元以上的设备才需要办理固定资产登记，有贴在设备上的条码识别标签，每年要例行检查核对一次。由于固定资产登记的价值起点很高，所以贵重设备的数量就较少，一个上百平方米的实验室，大小仪器设备摆得挺多，需要固定资产管理的仅几台。这是真正的“抓大放小”。贵重设备的使用管理很受重视，关键的注意事项贴在显眼之处；使用通用设备每次也是要登记的，强调使用后要做清洁保养。

第四，在实验室安全管理方面。马里兰大学以及三藩市州立大学都做得很好，也是最需要我校学习的。一是管理责任制，实验室负责人、各个实验用房责任人和人员姓名都贴在门上（办公室和实验室门口都有室内工作人员的姓名牌子，包括研究生），各实验室列出设施表，显示有关实验物质，每年检查一遍。二是重视安全教育，学生都要受到安全意识教育和方法的训练。三是安全警告，凡涉及化学、有毒、有害、有辐射、激光等的实验室，在门口贴上有害物质警告标志，提醒进入实验室的人员注意。四是安全防范设施，在马里兰大学，凡是化学类实验室都安装有身体喷淋装置和洗眼喷水装置，较大面积的实验室还安装了两套，一旦受到液体溅出伤害就可以在几秒钟内冲淋。这些装置的设计、安装非常人性化。据实验室人员介绍，此装置必须每周检查一次是否有效。此外，风险管理部还为师生员工购买各种保险，受伤会得到赔偿。至于防火设施，在美国普遍做得很到位、很严格，如禁止在室内吸烟（凡是有盖顶的均视为室内），三藩市州立大学则更严格，在校园中心区域禁止吸烟（进入禁烟区的路口竖起一个大的警告牌，有禁烟区域的图示和警告语，违者罚款58美元）。

在美停留的24天里，未见过违例吸烟者。

二、从马里兰大学设备与实验室管理方面得到的启示

（一）切实加强我校的实验室安全与环境保护管理

我校目前存在的问题：一是重视不够。职能部门及院系重视不够，安全教育宣传力度不够。二是制度缺陷。规章制度不够完善且执行不到位。三是设施不足。实验室安全防范设施配备不足。因此，建议作以下改进：

（1）负责实验室安全的职能部门及相关责任人必须高度重视，并将其提到议事日程上来，不要认为没发生过大事故，就说明此项工作已经做好，要防止因麻痹大意而导致严重事故的发生。特别要加强学生的实验室安全教育，建议将实验室安全教育列入新生入学教育内容之中。未经实验室安全知识考核的学生不能进入实验室做实验。

（2）参照最完备的高校实验室安全管理制度，尽快健全我校的相关规章制度，教务处、科技处、设备处等职能部门按各自职责完成相关规定。

（3）在相关大楼的适当位置张贴警示标志，所有存在有害物质的实验室门口都要张贴与之相应的警告标志。在涉及化学液体溅出的实验室安装洗眼和喷淋装置。

（二）提高仪器设备固定资产管理效率

目前，我校的设备固定资产登记起点是单台价值500元人民币（2005—2006曾经按800元/台起登，后按500元/台起登至今），教育部本科院校合格标准对教学科研仪器设备的规定，仅统计价值800元/台以上的设备。因此，每年向教育厅上报统计数据，还得滤掉800元以下的资产数据。另外，由于起登点低了300元，台件数增加了很多，管理工作量随之增大。当然，500元以上的设备列入固定资产管理，对维护学校的国有资产减少流失是有一定作用的，但是，因管理工作量增大而造成管理不够到位、管理效率下降也会造成设备资产的流失。因此，个人建议作如下改进，提交设备处、资产管理处、财务处、审计处讨论。

（1）恢复单台件800元人民币的固定资产起登点。应与教育部的规定以及各高校的标准一致，以免造成本校有意提高教学科研设备总值的嫌

疑，同时可减少各学院各单位的仪器设备管理工作量，有利于管理效率的提高。

（2）仪器设备固定资产按价值分级管理。提高管理效率，可确保较高价值的设备不致流失。例如，规定单价1万元以上的设备每年必须核查，就比“所有固定资产每年清查一次”的规定更为实在，更具操作性。事实上，“所有固定资产每年清查一次”难以做到，不切实际。再如，大型仪器设备的标准，教育部（教高〔2000〕9号）文件规定单台10万元以上为贵重仪器设备，就当时的设备配置水平来说，是合适的。但是随着设备配备水平的显著提高，10万元的标准显然是太低了，所以教育部所管理的贵重仪器设备范围只是单价40万元以上的设备；而省教育厅每年要求上报的大型贵重设备也只是单价20万元以上的。我校也应修改规定，以提高管理效率和管理质量。例如，规定40万元以上为超大型设备，20万元以上为大型设备，分别制定不同力度的管理细节（目前是10万元以上都隶属于同一个规定）；规定20万元的设备由设备处负责监管，10万元至20万元以上的设备由学院负责监管，会更具可操作性。

（3）大型贵重设备的共享管理，应充分体现“以服务为宗旨”的理念，挖掘设备潜力，盘活闲置资产，优化管理系统，服务教学科研。明确共享是为师生提供更大的设备使用时空，而不只是限制购置设备的手段。事实上，随着设备水平的提高，一些过去作为贵重仪器的设备，现在已经变成常规仪器，如PCR仪，已经是生化类实验室普遍使用的仪器，不能再作为贵重仪器看待而限制重复购置。真正需要限制的是那些使用率较低，价值在40万元以上的设备。

（三）提高设备预算和采购计划执行的一致性

目前，我校虽然每年都做设备采购预算，每年都向财政厅上报设备采购计划，但是最终的实际采购品目、数量与金额与上一年7月上报的设备采购计划大概只有六成的准确度。在各类设备的预算和采购计划执行中，办公设备的采购预算执行准确性相对较高，实验设备的购置次之；而批量设备、专项设备预算与实际执行的一致性最差，这是因为需求是由各学院报出，并经多个职能部门汇总到设备处采管办的。以上问题根源在于预算没做好。马里兰大学对下一年学校的总收入有比较准确的估计，对支出项目预算有比较准确的控制，且执行严格。而我校通常是各学院各单位按自己的最大需求上报（一个学院上报的设备预算就突破了全校的预算），然后主管部门一项一项地取消。例如，教学设备维修与零星购置，学校的预算仅160万元，但各学院汇总上报的有近3 000万元，不过最后却被取消得所剩无几，造成学院认为预算是很虚的，他们做了也是白做，因此越来越不当回事，产生“随便报报，不抱希望”的态度。针对以上问题，可以提出以下建议：

（1）做准批量设备购置的预算。只需做好两个方面的工作，一是新增实验室设备，学校要作出决定批准新建哪些实验室；二是更新设备，设备处可根据设备使用年限向学校报告明年有哪些设备需批量更换（如电子类设备可以做得较准），学校应给出批量更换的计划。

（2）做好专项设备、大型设备的预算。充分的调研论证是做好预算的前提，使用单位要实事求是，量入为出，不贪大求全，盲目提高性能要求；相关主管部门要深入调研，组织好充分的论证。

（3）继续加强对政府采购规定的宣传，严格执行政府采购规定。由于发达国家大学设备采购较为自由，会使一些从国外回来工作的专家、教授对国内的政府采购规定不够理解，设备处和各学院要向他们多做解释工作，提醒他们尽早提交采购申请表，不要因采购程序所需要的时间耽搁了科研工作。

在马里兰大学学习了20多天，并且还考察了哈佛、耶鲁、麻省理工等几所著名大学，所见所闻，确实使我受到了莫大的启发，本文只是结合我所负责的部门工作实际和我校的情况，谈了一些肤浅的认识。不当之处请领导和团友们批评指正。

美国大学资金来源多元化格局及其启示

戚春龙

一、我国高等教育经费筹资现状

自 1999 年实施高校扩招计划以来，高校规模的数量性扩张，给高等教育财政带来了较大的冲击。以 2010 年为例，据估计，我国高等教育新增投资额为 150 亿～210 亿元，其中政府投入只有 38 亿元，资金短缺 112 亿～172 亿元，这一巨额的资金缺口必须由高校自己解决。而我国高校经费筹措普遍存在着过于依赖国家财政投入、社会团体和个人办学积极性不高、社会捐赠太少、高校对争取社会捐赠重视不够、高校自身筹资能力和造血功能弱等问题，导致我国高等教育经费严重短缺。

在学术界积极探索我国大学经费来源格局多元化的同时，我国政府也一直在推动大学经费来源的多元化。但一个不争的事实是，我国大学经费实际上是以财政拨款和学杂费为主的二元化格局，并没有真正形成多元化的经费来源格局。

曾有一项关于美国大学校长“最花时间的四项工作”的调查，发现有 50% 以上的大学校长占用时间最多的工作是筹资、规划和预算。其中，公立大学校长花在筹款上的时间是 44.2%，私立大学校长花在筹款上的时间是 77.0%。可见，筹款是美国大学校长的主要职责之一。

美国大学校长是将大部分精力投注在为学校筹资上，他们主要依靠的是校长自身的勤勉和专业筹资机构的努力。相比而言，中国大学的校长们用在筹款上的精力显然是有限的，他们中的大多数人依然从事学术研究，每年用在各种会议、学术交流、访问等方面的时间相当多，很少有时间和精力去思考筹款的问题。

高校资金来源的多元化已经成为一个世界性的趋势。我国高校也急需改变依赖政府拨款的单一发展模式，积极主动地面向社会筹措经费。

美国作为全世界筹措教育经费的高手，每年都会发起大型的资金募集运动，而且近年来每次都能超额完成任务。因此，研究美国的筹资策略，有利于尽快地建立起适合我国高校的经费筹措方式。

二、美国高校经费筹措方式的多元化

美国高等教育经费收入主要来源于政府资助、学杂费收入、服务及销售收入、捐赠收入等。

1. 政府资助

美国的高等教育管理机构分为四档：联邦政府、州政府、郡政府、市政府。美国的高等教育管理有一定的特殊性，政府投入是美国高等教育经费的主要来源，占40%以上。但是相比州政府，联邦政府在教育体系尤其是高等教育体系中发挥的作用并不明显。以马里兰州为例，联邦政府几乎很少提供教育部门专项资金，而州政府则扮演着多数教育机构资金来源的角色，郡（县）市级政府也承担了一部分教育资金的支出。而以培养副学士和证书教育为主的加州社区学院，有高达90%以上的经费来自地方政府。

美国的联邦政府和州政府都对私立高校给予一定的资助。由于美国的教育权在州而不在联邦政府，为了把联邦政府的政策渗透到私立高校之中，从而影响乃至决定私立高等教育的发展方向，使私立高等教育也能按照政府的意图办学，开展与国家利益相关的教育活动，联邦政府对于符合联邦政策要求、适应国家需要的私立大学都给予资助。资助的主要目标有以下三个方面：一是促进高等职业技术教育适应工农业生产的发展；二是通过向学生提供贷款和津贴，资助适龄青年入学，做到教育机会均等，教育大众化、民主化；三是资助学校科学研究及重要学科教育，使之适应国际竞争的需要。资助的方式主要以直接拨款手段或签订研究合同手段进行。

美国私立高校获得政府的资助是不均衡的，一些研究型私立大学可以与公立研究型大学一样申请政府的科研经费。联邦政府的资助一般可以达到私立大学各项收入的第3位。私立高校除了联邦政府资助外，各州政府通过与本州内的私立大学签订合同的方式，资助私立大学开展研究工作。州政府对本州公、私立高校研究和发展活动的拨款水平要远远低于联邦政府，但随着联邦政府政策的变化，加之许多州越来越重视利用本州院校的科研能力来发展地区经济，解决当地问题，州政府的拨款在逐渐增长。1977年，美国各州政府对私立院校研究与发展经费的拨款只占私立高校经费总收入的0.8%，但目前资助拨款已增加到1.6%。州政府还通过减免税收等方式来支持私立高校的发展，大约有11个州免除私立高校公债。由于美国是个教育高度自治的国家，各州的贫富程度、税收政策和教育法规都不尽相同，因而各州之间资助的差别很大，各校所得的资助款额也大相径庭。

2. 学杂费收入

美国高校经费第二大来源是学杂费，约占高校日常资金收入的25%。由于近年来学费上涨速度大大高于通货膨胀的速度，学生及其家庭支付能力和教育公平问题日益引起广泛关注。

美国人所说的学杂费通常是指学校为学生提供教学服务所收取的款项和做相关服务而收取的费用，也有人称之为“学生教育费”。除狭义的学杂费外，它还包括住宿费、膳食费及申请费、注册费、学生活动费、停车费、成绩单费等各种杂费。

学杂费是美国高等院校最重要的财源，在私立高校的各项收入中居于首位。与公立高校相比较，美国私立高校的学杂费有以下三个特点：收费高于公立高校；各学年的学杂费不同，并且逐年增长；声望高与声望低的学校收费不同，越是名气大的私立大学收费越高，如哈佛大学、斯坦福大学、普林斯顿大学等，每个学生的年学费都在25 000美元以上。反之，名气小的私立学院则收费低廉，一般为每年3 500美元左右。

3. 服务及销售收入

服务及销售在美国高校的各项收入中是仅次于学杂费的财源，主要是学校利用自身的科技、智力、设备、设施和校产等优势，开展对外服务及销售所得的收入。主要收入形式有三种：

（1）科研服务收入：美国高校除了通过向联邦政府或州政府申请课题或签订研究合同获得经费外，还纷纷与企业合作，寻求经费支持。例如，与企业共同建立科技市场；企业向学校交纳数额不等的会费而成为其会员，共同开发新产品等。此外，一些科研实力雄厚的大学还通过出售专利获得经费，如斯坦福大学的“重组脱氧核糖核酸”每年有高于 1 000 万美元的收益。

（2）校产经营收入：包括经营旅馆、饭店、大学医院、房地产、设备、场地出租等创收。在一些历史较长、基础较好的私立高校，这项收入也很可观。

（3）销售收入：美国的私立高校都开展销售服务，项目有出售教学软件、录音带、录像带、印刷品等。

4. 社会捐赠

美国高校经费的第四个重要来源是社会捐赠。企业、私人、校友、社会团体捐助学校已成为美国的优良传统。数额较少的捐赠，一般直接补充到学校的教育经费；数额较大的捐赠，多以教育基金的形式捐给学校。美国高等教育募款的初始阶段，只是捐赠人个人的临时行动，具有偶然性和不连续性。到 19 世纪末 20 世纪初，一方面，美国高校纷纷设立大学基金会，学校开始聘用专职人员从事募款工作，高校募款成为学校持续性、常态性的工作；另一方面，社会上的大公司、大富豪、慈善团体也纷纷设立公益基金会，聘请专职人员管理，负责选择捐赠学校，监督捐赠财物的使用，评估捐赠财物的使用效率等。随之，社会向高等教育的捐赠也日益专门化，募款类型、形式多样化，不拘泥于某一种类型和形式。在类型上，既有常态性的年度募款，也有用于特定目的的巨额募款。社会各界对高等教育的捐款形式更是多样化，如现金捐款、增值证券捐赠、不动产捐赠、不动产所有权捐赠、有形资产捐赠、计划捐赠、延展捐赠、遗产捐赠、寿险捐赠、信托捐赠等。美国是发达的资本主义国家，美国人民习惯于捐助高等教育等公益事业；同时，美国的税收政策、社会舆论又鼓励社会向包括高等教育在内的教育捐赠。美国的一些大富豪、大财团慷慨解囊，对教育事业一掷千金，因而社会捐赠历来在美国高等教育经费总额中占有重要比例，已接近10%。对非营利私立高校而言，募款所得金额已占总经费的20%。下表为马里兰大学2010财政年度预算收入。

马里兰大学2010财政年度预算收入

来源	金额（美元）	比例（%）
州政府拨款	411 509 320	25.3
科研经费	359 486 389	22.1
学杂费	417 706 873	25.7
服务及销售	301 287 721	18.5
捐赠	136 366 652	8.4
合计	1 626 356 955	100

三、美国多元化筹资对我国教育经费筹措的启示

1. 继续稳定政府投入，并提高经费的使用效率

在我国，政府每年相当数量的经费投入是高校保持竞争力的必备条件。因此，要继续争取政府的经费投入，同时还要努力提高经费的使用效率，杜绝现阶段大量的浪费现象，必须努力做到以下三点：一是加强经费收支监管；二是建立严格的人事管理制度；三是提高固定资产利用率。

2. 完善教育经费捐赠体制，鼓励社会团体和个人对高等教育的投资

捐赠及捐赠基金收入占美国大学收入总额的比例始终保持在8%左右，而我国大学社会捐赠规模不到美国的1%，这与我国经济社会发展水平极不相称。捐赠可以作为大学经费的主要来源，也是大学声誉的重要标志。社会捐赠在我国尚处于初级阶段，其占高等教育经费的比例很小，我们应从以下几个方面完善捐赠制度：一是提高社会捐资意识；二是建立健全鼓励教育捐赠的相关法律法规；三是高校要设立专门管理教育捐赠的组织或机构（如教育基金会），并安排专职人员；四是捐赠形式和手段要多样化；五是重视校友的力量，设立专门的校友基金会和协会，与校友加强感情

联络。

3. 重视产学研，加强与企业的合作

美国卡内基小组的研究表明，美国的经济实力有50%是从它的教育制度获得的。美国的科学研究之所以一直保持着世界领先水平，主要得益于大学的科学研究。因此，要积极培育高校的市场意识和竞争意识，提高科研创新能力，开展校企合作，把先进的科学技术转化为生产力，促进带动我国经济快速持续增长的科技发展。

4. 加强高校资金的运作，积极开展国际交流与合作

在捐赠基金的运作与经营方面，美国大学严格遵从专业化、市场化的原则。我国高校每年能收到和遗留许多资金，但市场运作意识不强，结果造成资金的闲置。美国大学有董事会、基金会等，负责学校资金的管理和运转。2008 年，加利福尼亚大学共同投资基金的市场投资收益为 1.59 亿美元，短期共同投资基金的市场投资收益为 3.48 亿美元。因此，高校不仅要会筹款，还要能灵活高效地“运款”。在这方面我国很薄弱，因此，加强国际交流与合作，学习外国的先进经验则显得非常重要。同时，我国还要积极完善自身，吸引更多的留学生来我国学习。招收国外留学生不仅能扩大政治影响、加快知识传播，更主要的是还能够开拓国际教育市场，吸收外汇，增加教育经费，而且还能在一定程度上盘活、开发和利用各种资源，提高我国在世界上的地位和影响力。

美国大学“勤俭办学”的启示

梁杰宏

暑期赴美培训学习，时间虽短，但收获颇大。不仅学习了解了发达国家办学和教育管理的理念，还开阔了视野，了解了美国文化，拓展了工作思路，是一次“学文化，扩视野，增理念，拓思路”的培训学习。

美国，作为世界经济最发达的国家之一，高校数量多且水平高，各高校的办学经费充裕，虽然是这样的经济强国、教育大国，但无论是州立大学还是私立大学在办学过程中都坚持勤俭办学的理念，做到“多筹钱，管好钱，用好钱”。

一、多筹钱

在美国大学筹措办学经费，这是每位大学校长必须放在议事日程考虑的首要工作。美国大学筹措办学的经费主要来源于州政府、地方政府、联邦政府、社会团体（包括工商企业）、校友、教育办学和社会服务以及校办企业和学校物业出租等。例如，美国马里兰大学每年筹措办学经费在16亿美元左右，其中州政府拨款和教育办学收费占50%左右，科研经费占30%左右，其他占20%左右。

为了保证学校的办学水平和教育质量，必须要确保足够的办学经费。因此，美国大学的校领导非常重视与联邦政府、州政府、地方政府以及校友、社会工商企业等的联系，及时掌握信息动态，组织力量申报项目，主动为地方经济建设、工商企业以及校友等出谋划策和提供服务。校长更是亲力亲为，全方位地主动公关，与各方建立密切的联系，是学校争取更多办学经费的主导者。

马里兰大学为了争取校友支持办学，非常重视校友会的工作。校友会能够及时了解遍布各国校友的信息动态，开展丰富多彩的校友活动，日常注重为校友提供咨询服务，帮助校友排忧解难，使校友感到母校的可亲可爱。同时，马里兰大学还注意在校生的工作，从入学的第一天起就把学生当作校友来看待，提供全面的服务，使学生对学校有强烈的归属感，形成校荣我荣的意识，时刻关注学校的发展。马里兰大学的校友每年捐助学校的办学经费在 1 亿美元左右。

马里兰大学为了保证学校的公共办学费用，还规定从科研经费中提取 30% 作为补充学校的公共办学费用（其中 50% 归学校统一管理使用，50% 划拨回科研项目所在的学院管理和使用），马里兰大学每年的科研经费在 5 亿美元左右，学校每年则可提取 1.5 亿美元补充改善办学条件的费用。为此，学校主动整合资源和力量去攻克大的项目和课题，力争拿到更多的课题和资助。

近年来，美国大学为了筹措办学经费，已注意挖掘教育办学的收费潜力。例如，马里兰大学是州立大学，接收马里兰州外的美国学生的学费是本州学生的 3 倍，国际学生高达 5 倍以上（美国私立大学收费标准高于州立大学，基本不分州内、州外，国际学生收费高于国内学生）。因此，美国大学为了吸引更多的本州外的学生就读，一方面积极抓好大学的内涵发展，不断提高教学水平和教育质量，完善服务设施和提供优质的服务。另一方面主动扩大交流，注重媒体的宣传报道，增强社会影响力，让社会了解学校，为吸收优质的生源创造条件。同时，还积极开办国际教育，创造条件接受国际学生。据了解，在美国排名前 100 名的大学每个学校都有国际学生 1 000 人以上，这是非常可观的办学收入。

二、管好钱

美国大学对多方筹措到的办学经费特别注重管理，做到精细预算，刚性执行。

美国大学的经费是按学年度预算的。每年的 3 月开始进行下一学年度的预算，大学的各学院、各部门提出详细的项目需求额度，汇总后由学校设立的专门委员会（或工作小组）进行项目调研论证，调研论证的结果提交学校校务委员会讨论确定，一旦预算确定后就刚性执行，严格按照预算项目专款专用，不得挪用或挤占（包括科研经费的使用也是按照申报项目内容严格执行），不允许有超预算或预算外的支出。

对学校内各单位的经费预算执行情况，由学校内审部门和财务部门负责监督检查，学校的年度经费预算执行情况由政府部门委托相关机构进行监督检查，一旦发现问题就及时披露，并有可能会影响到今后相关的拨款额度。所以，美国大学的学年度办学经费管理是预算管理，专款专用。

三、用好钱

美国是一个经济和高等教育的强国，大学的办学经费来源渠道多，筹措到的经费较多，但在使用方面却很“节俭”。

在我们接受培训的马里兰大学以及我们考察的哈佛大学、耶鲁大学、麻省理工学院等美国知名学府，都非常重视公共服务设施和学生活动场所的建设，如图书馆、体育馆、学生活动中心、艺术中心和网络信息、公共实验室平台等的建设，把经费用在提高教学质量、科研水平和学生的综合素质以及软件建设方面，而在其他方面则是遵循不铺张浪费的节俭原则。

（1）在行政办公方面，教授的办公用房一般在15平方米以内，各部门行政负责人的办公用房也在20平方米以内，每个办公室都没有配备饮水机，而是在每层楼配有一公共的休息接待室和饮水机（美国的自来水是可以直接饮用的），体现够用就行的节俭思想。

（2）在实验室方面，注重实验室平台的建设，实验室平台是公共开放的，不同学科的教师、学生都可以使用，从而避免重复建设和购置，提高使用效率；而且实验室的仪器设备也不是追求最先进最高端的产品，只要日常能用够用就行，个别的实验可到外校外单位开展，不是一味追求全而大、高而新的仪器。

（3）在设施修缮方面，则是能用不换、可用不拆。各学院（部门）提出修缮的要求，要经论证后才能列入预算实施，在考察美国大学时很少见到施工现场，也很少见到修修补补的马路或人行道。印象最深的是马里兰大学修建一中心草坪广场时，不是在修建过程中就把人行道铺好，而是草坪铺好后，让人们自由行走形成小路，再把人们依习惯走出的自然小路修建成路，既人性化又避免重修浪费的现象。

（4）在公共场所管理或服务活动方面，则是广泛通过学生的勤工助学形式来降低费用支出。例如，在体育馆、学生活动中心、图书馆以及实验室等的日常管理方面都有不少学生在勤工助学，其一是解决学生的求学经济问题；其二是让学生接触社会，达到锻炼的目的（因为美国大学的场馆、实验室都对社会开放和提供服务）；其三是通过学生的勤工助学确实可以节省不少的费用开支。有些场所对外出租承包，不仅能节省不少管理费，而且还有收益。

（5）在接待方面，不讲排场，不比阔气。例如，我们在马里兰大学十多天，校领导只设宴两次，一次是入学的欢迎宴会，另一次是结业的欢送宴会（不是单独为我们设宴，还有其他参加培训学习的大学），宴会都是简单的自助餐形式，菜式品种只有几样，那是不能与我们国内设宴接待相比的。再如，我们到其他大学考察，他们也是派出相关工作人员介绍情况（校领导没有参加见面），结束后就离开，没有像我们国内那样客套的礼仪程序（在国内一定会有校领导见面讲话，并设宴接待的）。此外，在我们两次参观考察马里兰大学校园设施和实验室时，都是头顶烈日步行近两个小时参观考察，学校没有安排车辆接送。可见，美国大学对办学经费的使用管理是非常严格的，能节省就节省，不铺张浪费，不随意支出。

通过这次赴美国培训学习，收获很多，感触也很多。虽然我们国家体制不同，社会发展阶段不同，人们的思想意识不同，但是美国大学办学不追求外在的“高”、“大”、“全”的先进办学理念、现代的教育思想、完善的管理机制、形式多样而富有实效的爱国主义教育、全方位的服务意识和勤俭办学的精神等方面都是值得我们学习借鉴的。我们的办学经费与美国大学存在较大的差距，在筹措经费、管好经费和用好经费等勤俭办学方面有待改进和完善，只有取长补短，不断创新，才能实现科学的、可持续的发展，才能不断提高教育质量和办学水平。

关于中美大学人才培养模式比较的思考

张桂权

2005 年 7 月 30 日，钱学森曾向温家宝总理进言："现在中国没有完全发展起来，一个重要原因是没有一所大学能够按照培养科学技术发明创造人才的模式去办学，没有自己独特的创新的东西，老是'冒'不出杰出人才。这是很大的问题。"钱老生前在各种场合不止一次提出"为什么我们的学校总是培养不出杰出人才"这样的问题，这就是著名的"钱学森之问"。

什么样的办学模式才能够培养出杰出人才？这是一个很大的问题，也是一个很具体的问题。今年我有两次机会到美国高校学习、交流和参观考察。第一次是 7 月 23 日至 8 月 17 日参加学校组织的"2010 华南农业大学高等教育行政干部培训班"，在马里兰大学接受培训，并参观考察了美国多所著名大学。第二次是 10 月 16 日至 26 日参加在加利福尼亚大学戴维斯校召开的"全球健康共享协作网"（GHSI）的第一次会议，并走访了一些校友及其所在学校。把两次实地考察的所见所闻与这一问题联系起来，我认为我国现行的办学模式和人才培养模式是不完善的。要培养出杰出人才，首先需要完善我国的办学模式和人才培养模式。

一个年轻教师的成长

在我参加会议的加利福尼亚大学戴维斯校，有一位博士后曾经是我的学生。他在华南农业大学读完本科后考上了我的硕士研究生，硕士毕业后应届考上了我的博士研究生，毕业后留校任教，两年后晋升为副教授，接着被遴选为硕士研究生导师，四年前招收了第一个硕士研究生，做起了小“老板”，之后不久却赴加利福尼亚大学戴维斯校做博士后至今。他的经历可谓一帆风顺，算得上是个有前途的青年教师。

我到他工作的学校开会自然有时间与他交流。他在机场接我时，告诉我一个令人兴奋的消息，他一个月前投了一篇稿件到顶级学术刊物“Science”杂志。几天后，我离开了他的学校，他给我电话说已收到所有的评审意见，都是正面评价。这个消息使我为他的进步感到高兴，同时也让我为此而思考。

假如他还在华南农业大学，他今天又会怎样呢？他可能每年至少招收一个硕士生，第一个硕士生已经毕业，申请到一些课题，也发点算得上不错的论文，还可能当上了教授。这些都是可以想象到的，唯独难以想象他能发“Science”论文，但他在美国实现了。

为什么在国内难以想象的事情，在美国却能实现呢？原因很多，不能认为全是他的本事。如果他在国内，也许他也跟许多年轻教师一样，忙着应付繁重的工作和各种各样的活动，还要挤时间来指导研究生，还要做“小老板”必须做的日常事务。他还有时间静下心来进入实验室做点他感兴趣的实验吗？这几乎是不可能的事。我经常告诫年轻教师：“你们还年轻，应该挤点时间进入实验室自己做点实验，不要只让学生去做，你们积累还不够，不做实验就会停滞不前。”我甚至称这种现象为“少女妈妈”，自己还不成熟就要带小孩。很多年轻教师都感觉到了这个问题的严重性，可是已经有“小孩”了，他们怎能不带呢？

在人生的关键时刻，他放下了培养“小孩”的包袱，去完善自己。这四年，在他精力最充沛、创新能力最强的时候，他专心致志地做他的博士后研究。他成功了，对于国内众多的年轻教师来说，这恐怕只能是奢望。

一个美国科学院院士的研究团队

在今年美国国家科学院新增院士中，有一位从中国留学生成长起来的院士。他从小在中国农村长大，在中国一所农业大学读本科，大学毕业后到了美国。去美国之前，他与中国同时代人有着许多相同或相似的经历。

到美国后，他才开始从事科学研究的生涯。他致力于植物逆境分子生物学研究，在国际上率先开展植物抗盐的分子机理研究，提出植物抗盐的SOS途径，为从分子水平揭示植物的耐盐机理奠定了基础。同时，在植物抗旱、抗寒分子机理研究中也卓有成效，在植物抗非生物逆境领域，引领国际研究。院士今年43岁，可见人才难得。

我的另一个学生就在院士的实验室做博士后。这位学生在华南农业大学本科毕业后被学校推荐保送读我的硕士研究生，毕业后在中科院上海植生所工作，一年后赴日本读博士学位，读博期间发表了两篇高水平的学术论文。我鼓励他再接再厉，到美国做博士后，进一步完善自己，于是他挑选了这位院士的实验室。

这次我到美国，便顺路去看看他们。院士的实验室比较大，实验条件不错，但院士的办公室不算大，这些硬件条件在国内许多地方都能看到，并不稀奇。令我惊奇的是，院士实验室有20多人，几乎全是博士后和访问学者，很少有研究生，博士后是实验室的主要研究力量。理由很简单，做研究，博士后的能力自然比博士生要强，很多博士后慕名而来，院士不愁找不到高水平的博士后。良禽择木而栖，这样就形成了良性循环，越有名的实验室人才就越多，而人才越多的实验室成果也就越多，杰出人才就是这样“冒”出来的。

我国的人才培养模式存在严重缺失

人才成长可以分为两个阶段，接受教育阶段和创业锻炼阶段。对于高层次人才来说，博士毕业前属于接受教育阶段，主要任务是积累知识；博士毕业后一段时间属于创业锻炼阶段，主要任务是运用知识和创新知识。一般认为，30～40岁是人生创造力最强的时期。而30岁左右正是获得博士学位的年龄。因此，30～40岁有博士学位的青年人，处于运用知识和创新知识的最佳时期。

我国现行的人才培养模式重视接受教育阶段，而轻视创业锻炼阶段，因此我国的人才培养模式是不完善的。对于年轻人而言，博士毕业后很少有人从事博士后研究，而是直接参加工作，他们没有把最有创造力的年华专心致志地投入到运用知识和创新知识中去。他们虽然接受了良好的教育，但没有完成创业阶段的锻炼，他们的经历和创新能力是缺失的。工作一段时间后，他们才发现自己的能力并不能胜任知识创新的需要，但这时错过了人生创造力最强的时期，已难以补偿失去的时光。我国目前也不乏经过博士后培养的“海归派”优秀人才，他们经历了良好的教育和创业锻炼，从个人的培养上讲是完善的。他们在某个领域很有造诣，雄心勃勃想干一番事业，但难以找到高素质的博士后来组建研究团队，处于有帅无将的尴尬局面，当然他们的梦想同样也难以实现。

高素质的研究团队不但需要有高素质的帅才，还需要有高素质的将才。美国的主要研究力量是博士后，而我国的主要研究力量是研究生，两者不在一个重量级上。可见，我国人才培养的缺失在博士后。由于博士后培养的缺失，使年轻人错失了知识创新的最佳时期，也使实验室难以组建高素质的研究队伍，真是下错一棋便全盘皆输。我国重视人才的教育环节，而美国更重视人才的使用环节。其结果是，我国利用研究来培养人才，而美国则是利用人才来做研究。“为什么我们的学校总是培养不出杰出人才?”这恐怕是最重要的原因这一。

博士后功能异化是杰出人才培养的一大障碍

我国的博士后模式与美国具有根本性的区别。美国的博士后模式其实很简单，许多科研项目的经费预算都有聘请博士后的开支，项目负责人利用这笔经费聘请博士后来完成项目，“老板”与博士后的关系其实就是“雇佣”关系。项目完成了，“老板”与博士后的关系也就结束了。我国的博士后模式有很大的不同，而且十分复杂。首先，我国的博士后定位为人才培养，由人事部门负责，很多人误认为博士后是比博士高一级别的学位。其次，博士后的研究并不与合作者的项目挂钩，博士后还要专门申请“博士后基金”，我国通常的情况是，项目刚下来，博士后就要准备出站了。博士后并不为“老板”完成项目，“老板”对博士后也就无所谓了。因此，我国现行的博士后模式不能使博士后成为研究的主要力量，而是流于形式，没有起到博士后应有的作用。

我国博士后功能异化的另一表现是博士后的经费来源。我国的博士后有专门的经费来源，表面上是重视博士后的培养，而实质上却会导致博士后因经费无忧而战斗无力。同时，我国的科研项目中劳务费的开支太低，通常只允许发放研究生的劳务费，难以支付博士后工资，从另一方面切断了项目与博士后的联系。博士后享受着贵族般的培养，缺乏大风大浪的锻炼，不愿意当将，何以成帅？

完善人才培养模式，培养杰出人才，博士后培养模式的改革是重要的一环。博士后在人才队伍中起着承上启下的作用，只有当他们成为我国科学研究的主力军，他们才有可能成为杰出人才的后备军。

关于美国高校办学模式的思考

梁小伊

2010年暑假，在校领导高度重视下，校党委胡浩民副书记率领我们21名中层干部走进了美国的大学，感受颇深、受益匪浅。

一、浓郁的都市文化与创新气息和现代生活节奏为美国高校创造了良好的外部环境

在短短20多天的美国大学学习培训中，我们对美国的印象是：①相互包容的各国文化。海外学生遍及美国大中学校至研究机构，各国文化在此得到充分展示。②创新性思维深入人心。在旧金山州立大学甚至在全美高校，我们无处不体验到创新的气息，如教育科技创新引领美国、引领世界潮流。③四处洋溢的书香味。美国独立仅两百多年，但拥有两百多年历史沉淀的大学却不乏其数。在这片土地上，深厚的高校文化底蕴渗透于人们的思想行动中，在公车、在地铁、在悠闲的公园，四处可享受到读书学习的快乐，并置身于其中。④彬彬有礼的绅士风度。美国是一个宗教色彩很浓的国家，特别是受基督文化的影响，人们宽容忍让，崇尚仁爱，诚信务实，优雅礼貌。在大街上，若你不是穿着运动鞋跑步锻炼，会不时遇到马路旁开来的私家车停下问你需不需要搭车，车主可以随时为你提供帮助。同时，我们所到的华盛顿“二战”反法西斯纪念碑前、白宫草坪等地，四处可见到穿着小军服、佩戴红领章、接受美国国情教育的“童子军”小朋友。

二、美国大学的特点

卓越的办学理念。美国高校充满了多元文化带来的生机与活力。它以层次分明、各显特色的新老大学而闻名于世，既有我们所去的哈佛、麻省理工等举世闻名的老牌名校，又有充满现代气息的后起之校。美国大学以历史悠久、治校严谨、学制短快、课程设置紧凑而著称，是能容纳各种思想的大学。开放和国际化视野使得美国高校在短短数百年间雄踞世界名校之列，学校鼓励学生学习一切陌生的东西，赏识一切可以尝试的事情。无论何种肤色、何种民族、哪国公民，都一视同仁地发现并得到培养。使许多出身平平的有志青年从这里展翅飞翔，这也是美国能成为众多“诺贝尔”产生的摇篮之地的重要原因。美国大学崇尚学术、崇尚自由、崇尚科学，强调以学生为本的教育观。例如，马里兰大学的“乌龟精神”，给人以锲而不舍、勇往直前、永不放弃的象征，它代表着永远的辉煌！如果说人文理念、人本思想的大学文化贯穿于美国高等教育的始终，那么追求创新便是美国大学永恒的主题。

颇负盛名的大学教育地带。在美国东部，从华盛顿到纽约到波士顿，沿着东海岸由南到北，从马里兰大学、乔治·华盛顿大学到西点军校、麻省理工、哈佛大学……名校连成一片，交相辉映，构成一道凸显美国高等教育色彩的亮丽风景线。

精英教育与大众教育默契结合。美国高等教育早已从精英教育步入普及教育，但研究型大学一直沿袭哈佛大学等高质量高标准的精英培养模式，宁缺毋滥。

求实的校风与朴实的校园。美国许多名校如全美综合排名前 6 名的麻省理工学院、加州理工学院、西点军校等均用传统校名，长期不作改动，这些与学校知名度不般配、不起眼的校名却因它一流的办学水平，培养出来一流的人才、一流的学科建设而名扬四海。在综合排名第 50 名的马里兰大学，建筑以实惠、容纳人多而著称，给人一种俭朴、节省、实用的务实印象。我们居住的校外酒店其空调相当于中国 20 世纪 90 年代的产品，噪音大，但对美国人来说只要能用就不丢。

别具一格的“四化”教学：一是教学内容市场化。美国大学有一个明确的指导思想，即高等教育的目的是学生就业，所学课程必须紧跟市场、紧跟时代潮流，与社会发展同步，根据社会经济发展的状况和需求调整教学内容，所以毕业生就业率高。同时，美国大学没有固定的教材，教师上课除讲授理论知识外，还会大量搜集提供反映时代脉搏的资料信息，吸收前沿知识，组织专题座谈讨论，要求学生查阅大量资料，使之获得书本之外的知识信息。所以，教师备课是一个充满创造性、个性化和升华提高的劳动过程。二是教学方式引导化。不满堂灌，给学生以广阔的空间。马里兰大学一天最多上四节课。但大量的作业、查阅文献、各类讨论都必须在课外完成。所以，虽然一年三个假期约四个月时间，但学生大多在实验实习点、岗前锻炼中度过。同时，大学实行导师制，每个学生都有自己的指导教师，负责指导学生的学业和思想品质，教其如何学习、如何做人，是学生的良师益友。三是教学效应名师化。本科生一迈入马里兰大学就能得到德高望重的名师的亲自授课，越是名气大的教授，承担本科生课程就越多，在教学上发挥的作用就越大。名师上讲台，让学生终生受益，深得学生喜爱。四是教学途径专业化。美国通常在中学完成通识教育，大学则进入专业教学。紧紧围绕突出专业展开的宽口径教学使学生基础扎实、学科面广、业务技能强；而体育、美术、外语、演讲、音乐诸如钢琴之类的课程统统由学生社团来开展，学校不再专门授课。学生社团活动如外语、足球、演讲等各类俱乐部种类繁多、五花八门，是学生课外尽情施展能力、寻求全面发展的大好舞台，完全由学生自己打理，只需交费就可入会，素质教育在这里得到提升。

三、美国高等教育先进的办学模式引起我们的思考

1. 以体制创新推动我国高校改革发展

加强高校的管理创新和制度建设。知识经济时代，大学必须承担越来越多的社会责任，而直接体现这一责任的社会服务，也将在大学的职能中占有越来越重要的分量。但是在走出象牙塔之后，大学如何正确地履行社会责任、提供社会服务，这已成为一个迫切需要解决的问题。一是要彰显

学术权力。大学是致力于寻求真理的共同体。要发挥高校的学术委员会、学位委员会、教学指导委员会在学科建设、学术评价、人才培养中的重要作用。目前，大学人事问题最为关键的弊端是不能有效地保证教师长期地、安静地做学问，也没有退出和分流。对此，要建立科学的考核评价机制。强化竞争鼓励机制，鼓励尖端科技成果，引导教师热爱讲台、潜心基础研究。二是要创新高校教学科研组织模式。目前已形成三种模式：①传统的院系管教学，研究所、室管科研模式。②搭建跨学科平台，形成更大规模的科研组织模式。③产学研结合，共建科技创新基地。要根据知识创新组织的基本要求，大力培育跨学科、跨领域的科研与教学相结合的创新团队，以加快科技创新领军人才的培育，调动大学人才培养、科学研究、社会服务水平的整体提升。

2. 构建内涵式发展的高等教育质量体系

（1）赋予“高等教育质量”以全新的内涵。“高等教育质量”是指高等教育的人才培养质量，即高校培养的人才在知识、能力、个性、品德等方面形成的综合素质的高低以及达成培养目标的程度。我国高校教学质量问题在高等教育大众化之后一直是社会关注的焦点。美国高校的经验表明，相比较于外部评估，大学内部自身的教学质量促进、教学制度构建是问题解决的根本路径。当今大学面临社会日益多元化的需求和内部日益多样化的任务，要真正建立起有效保障、持续提高教学质量的内生动力，必须在多样化任务框架中以教学为中心进行新的关系构建，在组织结构和运行机制中处理好教学与学科建设、科学研究、研究生教育、实验室建设的多重关系，创设有利于人才培养的内部环境，将教学中心地位的观念优势转化为制度优势，实现大学教学制度创新[①]推进高校自身的常规性的本科教学状态评估。

（2）构建特色本科创新人才培养体系。创新人才培养的核心内涵是培养学生的创新素质，创新人才培养的本质特征是人才培养过程的创新，创新人才培养的层次类型关键在于培养目标的多样性。我国的人才培养类型和培养目标比较单一，特别是本科生和研究生培养类型还过于单一，难以

① 汤智，潘海涵．大学教学制度的创新取向．中国高教研究，2010（11）：85.

充分满足社会对高级专门人才多元化的需求，尤其是应用型人才、职业型人才难以满足社会需求，而学术型人才却过剩。许多院校的本科生和硕士生的培养目标定位还基本上是传统的学术型人才，实际上社会并不需要如此众多的研究型人才。创新型人才培养应以“一个核心、三个平台、三种环境”为内涵，即围绕提高教学质量这一核心，以提高教师教学水平和有效的教学运行机制为保障，实现创新型教与学的统一；以高水平专业、课程和创新实践教学平台建设为抓手，为创新型人才培养提供良好的基础；以优化创新型人才成长的“学科综合环境、研究环境和开放环境”为重点，为学生成才提供多种选择和发展空间；着力建设高水平教学团队培育与保障机制项目等六个本科教学改革和建设项目，实现培养模式改革、团队培育、条件保障、创新环境和质量控制的良性互动（科学时报，2011－02－22）。继续完善高校各类创新班，如华南农业大学开设的丁颖特色创新班深受学生欢迎。华南农业大学在本科新生中选拔优秀人才进行导师制的重点培养，这类班可以实行三年制的滚动式培养，免试保研，将竞争激励淘汰机制注入大学教育。

（3）投入专项经费为大学生课外与业界的零距离交流搭建科技平台。高校可开展与企业、外界、社会行业的学科竞赛。这种方法有助于学生创新能力的增强。以往在校企合作方面，学生进不了企业，即使进去了也是走马观花，难以深入企业，同时企业基本上没有承担起与高校共同培养人才的重任，主要是缺乏动力、压力和积极性。因此，要通过“校企联姻”的方式拉近学生与社会的距离。

（4）优化课程设计。翻开我国高校相关专业的培养计划，几乎是千篇一律的大而空，没有从本专业及我国的实际需要出发。我们要从国情出发、从市场需求出发、从国际视野出发，打造高校优势学科，诸如新能源、新材料、生物技术及新医药、环境保护、软件和服务外包、物联网及沿海开发、现代农业、文化产业等密切相关的新兴学科和交叉学科。

（5）走出素质教育、道德教育的误区。一段时间以来，很多高校把素质教育理解为添加一些音乐、美术、文学、哲学等简单的介绍性课程，而在现代公民素养方面却缺乏相应的熏陶和教育，反映在职场上就是创新能力的缺乏和职业道德的缺失。高校的素质教育、“两课”教育应更多地走出课堂、走向实践，在大学生社会服务中、在与企业的产学研结合中进行，它必须贴近学生、贴近生活、贴近时代，实实在在地让理想、信念、社会主义意识形态在青年学生中潜移默化、点滴渗透。高校辅导员必须是“两课”教育的授课教师，他们中的不少人是思想教育、行政管理、心理学方面的硕士，其理论功底深厚，又长期在高校一线工作，最了解学生情况，对学生的思想教育最有针对性和发言权。高校“两课”师资队伍应实现思政教师与政治辅导员的合二为一，且思政教师必须有辅导员工作的经历，以避免“两课”教育“两张皮”的脱节现象。

（6）加大高等教育的国际化进程。实现校区合作、校地合作、校校合作、国际合作。

3. 优化高等教育结构

（1）分批分期派教师干部前往国外学习，把领先的科技和超前的教育思想管理引入到我国高校高等教育之中。华南农业大学把教师出国进修与职称评定结合起来，明确规定教师评聘副高以上职称必须要有国外一年以上的学者访问经历。同时规定教师的“三进”：一是进企业，找课题，实行产学研一条龙，将科技成果有效地向现实生产力转化，为地方经济服务。二是进政府，参与地方政府的智囊团，用大学的研究成果为地方政府决策出谋划策，让意见、建议和提案被政府决策有效地采纳，特别是在“三农”问题、服务社会主义新农村问题、农民工问题上有高校特别是农业大学教师的见解。三是进“示范区”，展示科研成果。

（2）合理的梯队结构。我们提倡大学教师的高学历，也同时提倡高等学历教工组成的学术梯队，即一个团队既要有专家、教授、博导、指挥官、领头人，也要有战斗员、实验员、办事员等具体工作人员，这不是对高校高学历人力资源的浪费，而是打造一流大学高素质、高层次队伍的合理配置。

4. 营造优质的人才生态环境

（1）提升人格第一资源理念。贯彻人才资本是第一资本，人才投资是最佳效益投资的观念。

（2）以学生的全面发展为本，给学生充分的自由自主空间。采用启发式教学，让学生学会学习、学会做人、学会生存、学会发展。同时，在高校后勤社会化改革中稳步推进节约型校园步伐的实施，为学生提供良好的生活保障。例如，在当前物价上涨情况下确保学生饭堂的价格平稳，降低高校食堂成本，高校后勤集团可直接与农产品生产加工龙头企业见面“对接洽谈”，达成采购协议。通过高校与企业对接，让鲜活农产品直接从田间地头走进高校食堂，减少中间环节，达到保质保量价更优的目的（教育新闻网站，2011－02－14）。

（3）给“深基础、宽口径”一个科学的定位。围绕专业面加大专业实习和专业实践力度，真正做到华南农业大学校长对学生寄予的“三勤”要求，即“勤动脑、勤动手、勤动腿”。

（4）打造历史和现实和谐统一的大学园区。华南农业大学、华南理工大学、华南师范大学等名校汇聚的广州天河五山地区，有着百年历史形成的深厚底蕴，应对周边环境进一步整治，建成广东除大学城外的第二个教育园区，实现番禺现代大学城与拥有悠久文化历史传统的五山大学城的和谐统一，呈现广东高等教育崭新的时代特色。

对美国高等教育及其管理的学习与借鉴

——马里兰大学学习心得体会

徐正春

2010年暑假期间本人非常荣幸地参加了由校党委胡浩民副书记率团赴美到马里兰大学进行高等教育管理培训的学习活动。美国有全球最大和最好的高等教育资源，4 000余所大学，2 000多万在校生，近百万的留学生。美国的高等教育不仅处于世界领先地位，在很多方面也代表了未来的发展方向，是中国学子梦寐以求的留学首选意向。20多天的培训学习，让我大开眼界，受益匪浅。

一、培训学习概况

我们培训班一行21人在马里兰大学接受了为期三周的有关美国高等教育管理的专题培训。马里兰大学美华培训中心对我们的学习非常重视，先后安排了马里兰大学十多位领导和专家为我们进行专题授课，包括“美国教育机构”、“中美大学比较”、“大学对外关系——政府、校友会、媒体”、“培养富有创造力的学生”、“学术规划与课程改革”、“预算和财务”、“解决机构问题”、“马里兰大学的战略发展计划”、“马里兰大学组织结构”、“马里兰大学人力资源管理”、“马里兰大学教职员工发展”等。美华培训中心安排我们参观了马里兰大学的图书馆、实验室、温网室、体育运动场、校友中心、学生中心、就业中心、研究和推广中心、表演艺术中心、马大中国科技园等，考察了马里兰大学驻华盛顿郡推广站，还参观了私人牧场和果场。学习期间，我们还顺道走访了一些大学和机构。对这些大学的访问的确是来去匆匆，有点走马观花。但我们身临其境，切身感受到了美国高等教育的文化气息，了解了美国大学教育的优势与特色以及未来走向。这对我们进一步解放思想，放宽眼界，博采众长，开拓思路，推动教育教学改革，推进素质教育和国际化办学是很有帮助的。

二、培训学习体会

（一）美国发达的高等教育体系值得我们学习和借鉴

美国虽然是一个历史不长的资本主义发达国家，但美国的高等教育在全世界是首屈一指、无与伦比的。当代美国高等教育，起源于欧洲，经过200多年的实践，逐步形成了规模庞大、富有活力而又特色鲜明的高等教育体系，并成为美国社会、经济、文化、科技发展的重要支撑力量，是世界公认的比较发达和庞大的高等教育体系之一。在世界大学排名中，前20名大学美国占据了17所，世界前50名大学美国则占据了35所。目前世界上70%的诺贝尔奖获得者在美国大学供职。根据2001年的一项调查，全球大约30%的科学和工程类论文以及44%的最常被援引的论文出自美国大学。美国接受高等教育的人口所占比例几乎比其他任何国家都高。

美国拥有一个较为完善的高等教育体系，非常重视对各类大学进行定位，政府对公立大学有明确的定位要求，甚至通过立法来加以规定。同时，美国高等教育拥有成熟的教育认证制度，这是一种以自我评估和同行评估为基础的质量保障机制，也是美国高校自我管理的重要手段。美国人历来热衷于高等教育，美国高校具有得天独厚的、强大的筹资能力，实现了办学经费来源的多元化、常态化。美国花在每个学生身上的钱是亚太经济合作组织国家平均值的两倍以上（在2001年约为2.2万美元，而亚太经济合作组织国家平均值为1万美元），而且校友和慈善家也经常向大学捐赠巨资。因此，美国建立了庞大而又完备的高等教育体系，美国公立大学与私立大学并存，研究型大学、教学型大学和社区大学层次分明，研究生、本科生、专科生等不同层次的教育同步发展。当然，美国高等教育的成功之处值得我们研究、学习与借鉴。

（二）美国高等教育经费投入多、行政干预少

美国是一个联邦制国家，也是科技和教育高度发达的国家。美国联邦政府虽设有教育部，但其管理职能与作用非常有限，在美国没有一个完整的全国性的教育管理体系，但美国拥有世界上最好的高等教育体系。我们国家具有自己的国情，我们是穷国办大教育，当然要看到自己的成绩，同时也要看到自己的潜力与不足。美国高等教育与我国高等教育的一个非常大的区别是：美国高等教育经费投入多、行政干预少。

美国政府把高等教育作为最重要的公共事业来发展，将培养高层次人才作为最大的国家利益，充分利用政府和市场两种力量，加速高等教育发展。美国国家联邦政府对高等教育的拨款采取一般性的拨款和竞争性的科研拨款两种形式。对公立院校而言，联邦政府资助是对以州政府为主的财政资助的补遗；对私立院校而言，联邦政府资助是其多样化资金来源的一个组成部分。联邦政府拨款中影响较大的部分是科研拨款，与日常性拨款相比，科研拨款虽然投入范围有限，但影响巨大。科研拨款采用竞争性机制，获得额度的大小取决于院校的科研实力，所以只有那些位居全国高校金字塔顶端的院校获取的可能性才较大，一般性院校获得的机会和数额都有限。可以说，美国科研拨款机制与我们学校在“211 工程”建设中曾采用的“择优扶强”策略非常类似。因此，美国的顶级名校在获取科研拨款方面具有明显的“顶端优势”。以 2005 年为例，美国前 20 所大学获取的研发经费占所有大学获取研发经费总和的 30%，而前 100 所大学获取的研发经费占所有大学获取的研发经费总和的 80%。这种科研拨款机制强有力地促进了顶级名校做大做强的良性循环。

我国大学的培养目标是：培养技术人才，为国家经济建设服务，服从于国家目标。而美国没有一个全国性的教育政策，教育部比较弱，无能管理高校，地方政府可以发挥决定性、创造性的作用。美国大学无须对政府负责，也不要对市场负责，而要对知识负责。美国大学的培养目标可谓“培养每一个学生的判断力，发现自己的兴趣和幸福所在，为每一个人追求幸福”。美国政府可以间接地影响大学，大学也是有选择性地服从于政府。目前，马里兰大学从马里兰州拿到的年科研经费接近 6 亿美元。马里兰大学每年的开支达 16 亿美元，除了科研经费还有许多收入来源，包括

收取学生高额学费和住宿费、校友和社会捐助、学校创收等。中国的大学校长相对要潇洒一点，大多不用忙于找钱，但中国高校受外部行政部门干预较多而学校办学自主权相对较小。美国的大学校长没有受到过多的约束，但头等大事是筹资，可谓“住最高级的别墅做最高级的乞丐”。这一点对于我们国家部分“负债经营”的高校也是有借鉴意义的。当然，中美比较，体制不同，国情各异，各有利弊。我们无须评论是非曲直，也没有必要分出高低。但有一条是值得我国高等教育学习与借鉴的，就是应逐步扩大高校办学自主权，逐步减少行政主管部门过多的干预，树立“以生为本”的理念，重点培养大学生的适应性、创造性和竞争力。这才是真正的“去行政化”要解决的根本问题。

（三）马里兰大学实行“事业部制”有效运行校院二级管理

马里兰大学是美国著名的研究型公立大学，始建于1856年，占地7 300亩，是全美最大的七个校园之一。同其他著名大学一样，马里兰大学的办学特色集中体现在学科建设上，有处于世界最前沿的学科领域，并在优势学科领域上为社会发展作出卓越贡献，产生广泛的社会影响，从而提升和确立了学校的知名度和国际地位。马里兰大学设有13个学院，146个研究中心，有100多个本科专业，100多个硕士、博士项目与专业。该校有31个专业名列全美前10名，有61个专业名列全美前15名，有90个专业名列全美前25名。作为美国20所顶级研究型公立大学之一，马里兰大学吸引了世界级的教学人员和最具潜质的学生。马里兰大学拥有3位诺贝尔奖获得者、7位普里策奖获得者，有40位美国科学院成员和数十位富布赖特学者。马里兰大学与我国科技和教育部门交往密切，我国在海外设立的第一个孔子学院就在马里兰大学，我国科技部在海外设立的第一个海外科技园——中美马里兰大学科技园也在该校。

大学的管理体制、治理结构和校园文化（尤其是“制度文化”中的“基本制度”）是决定大学前途和命运、使命和效率的关键所在。马里兰大学非常重视大学的内部管理。马里兰大学与美国大部分州立大学一样，实行校、院二级管理。马里兰大学在150多年的办学历程中形成了较为完善的治理结构和科学管理模式——“事业部制”管理。这种管理模式一方面在纵向管理上，能够科学地界定学校层面和学院层面各自的任务和职能；另一方面在横向管理上，能够按照“事业部制”组织结构形式处理好学校日益繁杂的各方面的内、外部事务。横向上落实到边，纵向上分层到底，马里兰大学能够较好地处理科学运作和创新发展的关系，不断提升学校的综合实力和国际竞争力。

在学校层面，核心任务和战略重点是解决“公共财政、改革创新和协调服务”。也就是说，学校既要协调好公共关系（尤其是对外关系），筹集更多的财政资金以保障学校的有效供给，也要不断地改革创新、抢抓发展机遇以巩固学校在全美公立大学中的顶端优势，同时还要左右逢源、灵活处理好学校的内部事务以维护学校的和谐稳定。在学院层面，作为学校的业务单位，其根本任务是要忠实履行义务以完成美国现代大学赋予的三大职能“教学、科研、服务（或称技术推广或社会服务）”。因此，在校院二级管理中，学校与学院定位准确、边界清晰，学校层面行使的是关键职能，学院层面行使的是业务职能。

马里兰大学约有 24 000 名本科生、8 000 名研究生，授予本科学位和硕士学位的授权点超过 100 个，有 83 个博士学位授权点，有 1 500 个实验室，有 300 多栋大楼，有 6 个图书馆，有 13 个学院，有 600 多个学生社团，有 1 100 多位终身教授，有 3 400 多名教职员工，教学、科研、管理及勤杂人员总数超过 1 万人。这样一所大学如何进行有效管理？马里兰大学推行“事业部制”管理，较好地解决了大学日益繁杂的内、外部事务，同时各学院能够拥有相对独立的经营学院和管理学院的自主权。要了解马里兰大学的“事业部制”管理可以从该校副校长的设置和分工上可见一斑。马里兰大学在校长之下设置了相对稳定、责任明确的六位副校长，首先是最高级别的副校长或称“常务副校长”或称“首席副校长”，主管学术事务并兼任教务长。其余五位副校长分别是：主管信息事务副校长、主管行政事务副校长、主管科研事务副校长、主管学生事务副校长、主管对外关系事务副校长。马里兰大学设立了相应的管理机构并建立了完备的管理制度。按照“事业部制”组织结构，学校层面只保留关键的职能部门（或者称之为“战略职能部门”），具体为业务服务的专业职能下放到学院或者由社团组织承担。在“事业部制”组织结构下，马里兰大学的学院从学校获得系统授权，具有在业务领域独立经营学院的能力和资源，具有相对独立的经营学院和管理学院的自主权。在学院层面，既要强化教学功能，又要大力提倡科学研究。各学院在教学科研并重的同时还积极鼓励教师参与社会服务，夯实大学的公共服务能力。值得一提的是，马里兰大学非常重视技术推广、服务地方经济建设，其推广服务贴近基层，服务地方，形式多样，工作非常到位，业绩特别突出，真正实现了“以服务求支持，在贡献中求发展”。例如，马里兰大学的信息技术、生物技术和纳米技术等在马里兰州是领头羊，是马里兰州在信息传播、技术开发和文化活动领域的先行者，为当地工农业发展和社会经济繁荣提供了强有力的技术支撑。马里兰大学在马里兰州的各个郡（或称“县”）设有农业技术办公室，农学院的领导专家要经常深入各地的农业技术办公室为当地政府和群众排忧解难，并且将实际问题变为科技创新的课题，支撑了马里兰全州的农业发展。马里兰大学还根据社会发展需要专门成立了工业企业研究所，集中兵力联合攻关，在通信、电子、航空技术、新能源等研究领域取得了重大突破，成为马里兰州工业发展的“加速器”。马里兰大学还建立了科技园，帮助创立了60多个公司，最大的公司年销售额超过30亿美元，被称为工业企业的“孵化器”。马里兰大学与当地1 700多家科技公司和350多家生化企业、研究机构密切合作，做到产学研紧密结合，真正实现了“横向联合，取长补短，优势互补，合作共赢”。一方面学校得到了科技研发项目、人才需求信息和科研经费资助；另一方面，企业得到了实用人才、专利应用和研发成果以帮助大学推广技术、物化成果，将科技成果转化为现实生产力，以促进地方经济发展并提高人民生活质量。

三、几点具体建议

通过这次培训学习，我们受益匪浅，感触良多。现结合我校校情和本人工作实际提出如下四点粗浅的建议：

第一，要立足当前、放眼世界、面向未来，认真研究、学习和借鉴美国高等教育的成就和办学经验，继续深化本科教育和教学改革。利用2011年修订本科教学计划的契机，着力解决深层次的矛盾和问题，进一步解放思想，打破原有思维定式，彻底改革我校本科人才培养方案，尤其是要在课程体系设置和教学方法上取得新的突破，真正形成有利于培养创新型、创造型、创业型人才的机制和条件。

第二，要面向基层、贴近实际、服务地方，改革现有科研评价和考核机制，改变科学研究“天马行空”的现象，促进科研工作“软着陆”或“硬着陆”。高校的科研只有脚踏实地、“顶天立地”，才能真正实现“以服务求支持，在贡献中求发展”的目标，提升学校的创新能力和科技竞争力。

第三，要进一步加强校友会的联谊工作并积极主动地广泛开展对外联络工作。学习借鉴马里兰大学在联络校友、赢得社会支持方面的经验和做法，增强校友的认同感、归属感和荣誉感，广泛争取和整合更多的社会资源，把学校做大做强。

第四，要一如既往继续重视和加强校园绿化、美化和文化建设。学习借鉴美国高校塑造校园文化的经验和做法，把校园建成适于求学、栖居、游览的精神殿堂。

大学需要什么

刘信洪

大学需要什么？这是一个非常简单而又难以回答的问题。说它简单，是因为每一个有一定文化知识的人都可以对大学需要什么进行描述性阐述；说它难以回答，是因为从有现代意义上的大学开始，高等教育界从理论和实践的层面一直在探索和试图回答这个问题，却没有定性的为学界普遍接受的解释。2010 年暑假，我有幸参加学校赴美国马里兰大学中层干部教育管理培训班，经过进行系统的学习后，感触良多。因而我也想尝试探索这个问题，以就教于同人。

一、大学需要时间

时间是物质存在的形式。德国威廉·洪堡说："大学的真正成绩应该在于它使学生至少在他一生中有一段时间完全献身于不含任何目的的科学，从而也就是献身于他个人道德与思想上的完善。"这既是一个时间管理问题，如学制确定，又是一个时间投入问题；既是一个个体的教育过程，又是一个群体的教育过程；既是一所学校的教育过程，又是学校、社会、家庭等共同作用的教育过程。学生的学习时间投入、教师的教学科研时间投入以及学校的有效时间管理，是决定一所大学的成绩、地位、知名度和影响力的重要因素之一。在美国马里兰大学、乔治·华盛顿大学、乔治·梅森大学、耶鲁大学、麻省理工学院、哈佛大学等大学校园里，虽然我校培训班学员学习考察时恰逢以上大学也是假期，但是我们所到之处，还是呈现出浓郁的学术风气。办公楼、实验室中教师正忙于科研实验或教学准备，图书馆、课室甚至餐厅都可见读书者的身影。他们用行动证明“时间就是金钱，效率就是生命”。大学的成就和地位固然受多种因素的影响，但是我认为作为大学的主体——学生的学习时间投入即学习精力投入是关键因素之一，作为大学的另一主体——教师的教学科研时间投入即教学科研精力投入是另一关键因素。时间对于每个人来说，都是公平的、公正的。每天都是24小时，谁会充分利用时间，谁会善用时间，谁会挤时间投入学习、教学科研，谁就会获得收益。改革开放以来，我国高等教育取得举世瞩目的成就，高等教育进入大众化教育阶段，不过由于受经济、文化、政治、科技等因素的多重作用，我国大学生的学风问题依然是一个突出问题，有的学生甚至出现厌学的现象。我国大学教师的教风问题也是一个经常抓而没有根本解决的问题。虽然原因众多，但主要是管理体制、政策导向等方面的问题。学生被分数的指挥棒牵着，入党、评奖、就业等大多以分数论成败，而不是以能力论英雄，评价指标单一；受功利主义的制约，不注重平时的学习、积累，不注重科学知识、科学精神、科学态度、科学方法的培养，满足于应付考试、得高分数，满足于课堂学习，不注重能力的培养等，无法投入足够的时间学习专业、学习科学知识。教师受政策导向的影响，学术浮躁，学术功利倾向愈来愈明显，追求论文数量、课题、经费等，而少见高质量而有创新意义的成果和论文，个别教师教学敷衍了事，得过且过，有的教师只教书不育人等，教育教学质量呈现滑坡的态势。究其原因也是多种多样的，但是教师没有把精力和时间投入教学科研工作是主要的原因之一。我国的高校行政管理也存在时间管理浪费、不合理或执行力不够的问题，文山会海、填表多、推诿扯皮现象也不少，耗费了太多时间，这既有对时间投入不重视的因素，又有对时间管理不负责任的因素。所以，我国高校要抓好时间管理工作，使学生把主要时间、精力投入到学习中，使教师把主要时间、精力投入到教学科研中，使管理者把主要时间、精力投入到高效、科学管理中，常抓不懈，这样才能有效提高教育教学质量。

二、大学需要空间

空间是物质存在的另一种形式。对于大学而言，空间不仅可分为校园、办公室、实验室、课室等及其设施构成的硬环境，而且还有以校园教风、学风、政风、校风等构成的软环境。随着我国高等教育的发展，尤其是20世纪90年代末扩招以来，我国大学的硬环境得到极大的改善，甚至一些仪器设备、实验室环境、校园环境等超过国外著名大学，如麻省理工学院、耶鲁大学、哈佛大学、马里兰大学、乔治·华盛顿大学、弗吉尼亚大学等，问题是我们的实验室使用效率偏低，精密仪器、大型仪器的使用率不高，有些仪器设备到位了但还未开箱，闲置不用，或重复购置，造成资源浪费；校园环境本来非常优美，但缺乏人性化管理，可供读书的地方太少，标志性标牌不规范或缺乏科学性，校园环境管理缺乏科学性、可持续性，裸露的地块多，遇到大风和下雨天气或泥水积压，或灰尘滚滚，与优美的校园环境形成截然的反差，而美国高校校园裸露的土地或树底下均用废木渣等覆盖，剪枝剪草施肥规范有序。校园环境资源的利用开发也一样，正值假期，美国高校充分利用校园资源，各种中学生夏令营比比皆是，如马里兰大学的篮球夏令营、橄榄球夏令营等，哈佛大学的参观访问团等，这些夏令营既扩大了学校的知名度和影响力，同时又增加了部分收入。我国大多数大学受传统文化、安全稳定和管理体制等的影响，较少对社会、对公众开放，教学大楼课室、报告厅、会议厅、饭堂等设施要么假期很少使用，要么关门不用，校园资源的假日利用成了一个不小的问题，内部设施、设备的管理与维护更是一个大问题。在我国高校经常听到师生抱怨设施、设备坏了，不能得到及时维修，服务态度有时也成问题，这固然有管理体制、人员素质等方面的因素，不过更有人员数量的因素。我国大学管理体制改革和完善，经常涉及“精兵简政”，减少行政人员、管理人员数量，而要增加教学科研人员的队伍，这是对的，也是无可非议的。可是，多少行政管理人员才能满足和维持一所大学的正常运营是值得研究和探索的。例如，马里兰大学行政人员为6 088人，教师为3 412人，行政人员与教师的比例约为1∶0.56（行政人员含正式员工、非常定员工、合同工）①，比中国大学的行政管理人员多得多，这是为什么？这既体现了教师、科研人员与管理人员的结构比例合理性，又体现了管理成本与教

① UMCP Active Employee Counts, July 02, 2010.

育成本的合理比例，管理要提高效率，同时管理又需要成本。管理人员的数量（管理人力投入）也是提高管理效率的主要因素。我国高等教育进入大众化教育阶段，取得巨大的成就，各个大学的在校生规模都已扩大，甚至一些大学的二级学院的学生规模已达到或超过以前大学的在校生规模，而我们的行政管理人员增加了多少，管理成本增加了多少呢？这些需要中国大学好好思考。大学校风是一所高校的特色和风格，是一所大学师生员工所共同拥有的理想、志向、愿望和行为习惯等多种因素的综合，是一种精神状态和行为风尚。简而言之，校风就是学校风气的总称，包含教风、学风、政风、班风等。一所大学的校风是该所大学的文化底蕴和优良传统的核心和精髓，反映着该所学校的办学历史、办学传统等。我国大学都有自己的校风，也曾具有良好的学风、教风、政风，尤其是西南联大时期以及“文革”前和“文革”后的一段时期，但曾几何时，中国大学教师受职称职务晋升需要课题、经费、论文等政策导向的影响，忙于跑课题、拿经费，忙于写论文，而把教学这个首要责任忘得差不多了，我们习惯称之为重科研轻教学。这本无可厚非，教师既要是教学工作者，又要是研究者；既要教书，又要育人。问题在于教师的主要精力没有投入教学工作，甚至出现论文抄袭、科研造假等学术不端、学术腐败等行为和现象，严重影响了大学的校风。中国大学生中存在一些不诚信行为，如考试作弊；满足于搞活动，而把学习这个主业抛之脑后，学习风气日益走下坡路。中国教育行政主管部门、各大学的行政管理者都发现了这些现象，也提出了一系列整改措施，可是效果甚微。而美国著名大学如哈佛大学强调教学与科研并重，重视人才并倡导学术自由；麻省理工学院强调的尊重知识、自主教学科研、突出个性化等教育理念值得我国大学学习和借鉴。因此，我国大学的校风、学风根本好转需要调整政策导向，形成制度权威，而不是单靠行政命令或采取简单的措施。大学需要为师生创造良好的空间，良好的硬环境固然重要，优良的软环境更加重要。

三、大学需要经费投入

谁都知道，教育是一种事业，需要经费投入，尤其是高等教育投入。

以美国马里兰大学2011年预算为例，该校需要办学经费1 626 356 955美元（含不确定收入），投入非常大。其中，教育（Instruction）经费占23%，科研（Research）经费占24%，公共服务（Public Services）经费占5%，学术支持（Academic Support）经费占8%，学生服务（Student Services）经费占3%，公共机构支持（Institutional Support）经费占6%，设备运行（Plant Operations）经费占10%，辅助事业（Auxiliary Enterprises）经费占14%，学术成就和研究员基金（Scholarships & Fellowships）占7%。① 马里兰大学校园面积7 300亩，本科生、研究生共约35 000名，全职教师3 752人。② 可见，中国同类型大学根本无法与之比较。关键在于中国大学在有限的经费中，如何充分发挥教育经费的作用，占领教育科研这个主阵地，同时开源节流，杜绝和减少资金浪费。另外，有必要修改、完善教育经费投入，改变重科研轻教学、重理工轻人文社会科学的政策导向，重视和全面提高教育教学质量。

综上所述，大学需要时间、良好的空间环境以及足够的教育经费投入。中国大学需要调整政策导向，创新制度，为师生提供优质的时空服务，以期达到学生健康成长成才，教学科研水平和质量不断提升，回归大学教育的真正目标。

参考文献

[1] 史万兵. 教育行政管理. 北京：教育科学出版社，2005.
[2] 杨德广. 高等教育管理学. 上海：上海教育出版社，2006.
[3] 范国睿. 教育生态学. 北京：人民教育出版社，2000.
[4] 邱渊. 教育经济学导论. 北京：人民教育出版社，2000.

① UMCP Operating Budget by Programmatic Activit, FY2011.
② 参见马里兰大学简介。

论大学的责任与大学生创新能力的培养

姚 方

为进一步提高我校中层干部的管理水平与综合素质，学校安排我们一行21位同志在2010年暑期赴美国马里兰大学学习，时间虽短，但收获颇丰。我们应当为祖国的经济建设与社会进步培养什么样的人才？这些人才应当由什么样的师资来培养？大学的责任是什么？这是我在马里兰大学学习期间不断思考的主要问题。现将学习心得与体会汇报如下。

一、对大学生素质培养的新要求

经过30余年的改革开放，中国的经济得到了快速发展，人民的生活水平普遍提高，中国的国际地位也大大提升。面对新的发展形势与发展局面，我们必须回答这样一个问题：我们今天应当培养出什么样的大学生，才能确保祖国未来30年的可持续发展，才能确保中国依然傲立于世界民族之林？从马里兰大学 Steven Selden 教授的“一只小鸭，一团橡皮泥，一颗玻璃球”案例授课中，我得到一种启示：推动祖国今天与明天的可持续发展需要创新，这种创新，不仅是某一个中国人的创新，也不仅是一两个中国人团队的创新，它需要的是整个中华民族的创新。这种创新，对整个中华民族而言，是一种创新精神、创新理念和创新行为；对每一个中国人而言，则是在崎岖小道上奋勇攀登、不畏艰险、争取达到光辉顶点的创新成果。今天在读的大学生们是明天获取这些创新成果的主力军，因此我们必须以“面向现代化，面向世界，面向未来”的要求来精心培养他们，努力做好以下工作：

1. 培养他们强烈的爱国主义精神

没有国，就没有家，国家不富强，中国人只能任人宰割。只有在中国共产党的领导下，我们才能傲立于世界民族之林，中国的百年近代史，已经充分证明了这一点。如果我们培养出来的人是满嘴脸西崽相的假洋鬼子，那就证明我们的教育失败了。培养为谁服务的人是我们教育的首要问题，也是大学生素质培养中的关键问题，我们必须高度重视。

2. 培养他们与时俱进的创新能力

大学生的这种创新能力，包括发现问题的能力、分析问题的能力和解决问题的能力。从总体论，大多数中国人的归纳能力较强，因此我们应从归纳的视觉，重点培养中国大学生在归纳方面的这三种创新能力。一般情况下，中国人的演绎能力相对较弱，指南针与火药是我国的发明，但在航空、航天、造枪、造炮等方面，我们始终落在部分国家的后面。大家都知道，经济学上有一个需求决定供给的理论，其经典即是今天许多国家均奉行的凯恩斯主义。但很多人却忘了，经济学上还有一个供给决定需求的萨伊定律，电脑、手机、互联网等商品，都是供给决定需求的产物。所以，在创新能力的培养方面，我们还要重点培养中国大学生的演绎创新能力，这种能力如果变为现实，就是今天的知识产权，就是今天综合国力的核心竞争力。

3. 培养他们宁静致远的博大胸怀与锐意进取的团队精神

有人曾说："谁能给我一个支点，我可以把地球撬来反转。"我不赞同这样的话，因为此话是一个假设前提根本不存在的伪命题。持此论调者的核心实质是：事情办不成，责任在你不在我，因为你没有给我一个能使我成功的支点。我们绝不能培养这种眼高手低、一事难成且又处处推卸责任的人。我们培养的大学生，必须要有为民族、为国家和为人民冲锋陷阵的拼搏精神，必须要有可上九天揽月、可下五洋捉鳖的过硬本领，必须要有正确对待成功与挫折的良好心态，必须要有尊重他人、协助他人的团队精神。只有培养出这样的人，我们国家的未来才有希望。

二、创新型的学生需要创新型的教师来培养

中国人耳熟能详的“名师出高徒”与“高徒出名师”两句话，其实是反映了同一个问题的两个方面，都是主要说明教师在培养学生方面的重要性。唐代的韩愈在其《师说》中曾说：“师者，所以传道受业解惑也。”此文在当时对抨击士大夫之族耻于从师的错误观念有着积极的进步意义，但用今天与时俱进的观点来看，“传道受业解惑”虽反映了教育的“一般规律”，却缺乏了一点“面向现代化，面向世界，面向未来”的创新精神。今天的大学教师，承担着教书育人的重任，要想培养出具有创新能力的学生，首先必须培养好自己的创新能力。因此，今天的大学教师，除要先练好自己“学高为师，德高为范”的基本功以外，还必须注意做好以下几方面的工作：

（1）关爱学生，培养学生的爱国主义精神。

（2）从归纳和演绎两个方面，培养学生在发现问题、分析问题和解决问题方面的创新能力。

（3）不仅做学生的老师，更要做学生的朋友。鼓励学生主动学习和构建批判性思维，教给学生善于学习和协作攻关的方法。

（4）因材施教，信任学生并期望他们能成为国之栋梁。

（5）关心学生生活，指导他们如何将复杂的人际关系简单化。

目前，我国大学的在校生人数已达2 000多万，数量居世界第一，但目前仍然面临着“大国办穷教育”、“穷国办大教育”的局面，困难较多。在此情况下，我们做教师的更应忠诚党的教育事业，勤奋工作，锐意创新，弘扬师德，为人表率，不断探寻和总结出培养创新型人才的路径与方法，作出应有的贡献。

三、大学的责任

大学是学生求学和教师从教的地方，一直以来，被人称为是“科学的殿堂”。在全世界都提倡要注重培养学生创新能力的今天，大学的责任就

更加重大了。我认为，今天的大学，其责任至少有三方面：

（1）高质量的教学，培养出高质量的学生。教学的高质量，包括了教师与学生的创新思维、创新能力的培养。

（2）高质量的科研，研究出高质量的成果。科研的高质量，包括了科研成果的你无我有、你有我优和核心知识产权的拥有权。

（3）高质量的社会服务。为社会服务的高质量，包括了大学培养的人才和研发的科技成果，要能及时地、有效地、不断地推动社会进步与经济发展。

不能同时尽到这三项责任的大学，算不上高水平的大学。

由此可见，学生、教师和大学是一个三位一体、缺一不可的整体。大学应当把坚持党的教育方针，坚持社会主义办学方向，坚持培养具有创新能力的师资和培养具有创新能力的学生作为首要任务；大学教师应当为人师表，率先前行，把培养具有爱国主义精神、创新思维和创新能力的学生作为自己的终身奋斗目标；大学生则应潜心学习，修德博学、求真务实，成为专业功底强、综合素质高、创新潜力大的人才，服务人民，报效国家，让母校明天为自己备感骄傲。

美国大学教师如何在课堂上培养学生的创造能力

——在马里兰大学最难忘的一堂课

乐学义

2010年7月24日至8月17日，在学校精心组织下，本人有幸参加了由校党委副书记胡浩民同志率领的21人学校中层干部小组，赴美国马里兰大学等高校考察学习。20多天的考察学习，内容丰富，形式多样。通过紧张而又充实的学习，我们对美国大学的高等教育有了一定的了解。在学习过程中，最难忘的一堂课，我认为是关于美国大学教师如何在课堂上以学生为本，培养学生的创造能力。

8月5日上午，像往常一样，我们全体学员按时来到了课室。按照计划，我们当天课程的主题是“培养富有创造能力的学生”。然而，令我们意想不到的是，除了翻译人员外，当天给我们授课的还有两位教师，即马里兰大学教育学院教育政策研究系的Steven Selden教授和James Greeberg教授，并且学员课桌上摆放着几样“玩具”：一盆水、一块橡皮泥、一个玻璃珠及一只空心橡皮小鸭。难道是让我们在课堂上玩游戏？在好奇和兴奋中，我们开始上课了。主讲教授介绍了一下本次课的主题，即如何培养具有创造能力的学生，而切入点是要求我们现场完成一个实验。

Steven Selden教授把我们学员分成三人一组，并且说明了实验规则，即最先将橡皮泥、玻璃珠及小鸭一起浮在水中的为优胜组。农学院的张桂权院长、林学院的徐正春院长和我分在同一小组。授课教师刚宣布实验开始，我们三人就积极认真地讨论起来，各献其策，很快制定好了试验方案并进行实验。经过一番努力，我们小组第一个成功地按照要求完成了任务，大家心里都有一种成就感：我们小组获得了第一。待到教授宣布实验时间结束时，仍有一些小组没有完成任务或实验完全失败了。好胜的我满以为本小组应该获得教授的最好评价。然而令我们意外的是，虽然教授给了我们 A⁺，但其他即使没有完成实验的小组在组员的“狡辩”下，也都获得了教授的赞赏和鼓励。虽然我们组觉得这有失公平，但这种教学方式却很好地活跃了课堂气氛，使每个学员都能积极地参与到课堂教学过程中，相互启发，取长补短，达到了提高全体学员分析问题和解决问题的能力，这可能就是美国大学独特的课堂教学模式吧！

为了使我们能更深刻地理解这种课堂教学模式，Steven Selden 教授还向我们强调了两点：第一，美国大学教师这种在课堂上引导学生进行实验的教学方式，不仅使学生更加明确了学习目标，而且能够有效地培养学生的协作精神，促使学生积极开动脑筋，共同探索实现目标的途径，分享所获得的成果，并且不管学生实验结果如何，只要有可取之处，就应多给他们表扬和鼓励，以提高学生的学习积极性和主动性。第二，在课堂教学中教师要积极引导学生讨论，这样有助于增强学生在学习过程中克服所遇到的困难的信心及提高学生分析问题和解决问题的能力。Steven Selden 教授给我们讲述了他们研究小组在哈佛大学所进行的课堂教学试验的一个案例：哈佛大学是世界知名大学，学生均是同龄中的佼佼者，然而他们来自世界各地，文化背景差异大，因此合理的课堂教学方法对他们能力的培养影响较大。为了充分调动学生学习的积极性，挖掘出学生的潜能和聪明才智，教授在课堂教学过程中开展了引导学生相互讨论的试验。结果发现，在没有开展课堂讨论的情况下，学生互不理睬，课堂气氛沉闷，学生作业答案正确率为 42%，信心水平仅为 38%；而开展课堂讨论后，学生学习积极性显著提高，上课出勤率增加，课堂听课注意力增强，作业答案正确率提高到 67%，信心水平提高到 56%，学生分析问题和解决问题的能力得到了较大提高，学到了更多的东西。

虽然美国之行已过去了一个多月，但对这堂课我仍然记忆犹新。我们大学课堂教学模式常常是教师“一言堂”，教师很少在课堂上进行实验和双向交流，导致学生听课感到乏味，对课程缺少兴趣，考试及格率低，分析问题和解决问题的能力较差。究其原因，有人认为是因为教学内容多，学时数紧，无时间开展课堂讨论和实验等。这固然是其原因之一，但本人觉得这不是主要原因，主要原因还是我们重视不够，缺少研究和实践，没有把学生真正地放在课堂教学的主导地位上。因此，要想进一步提高我们学校课堂教学质量，培养出富有创造能力的学生，我们应该学习和借鉴美国大学教学经验及其课堂教学模式，确立“以学生为本”的理念，将实验教学、课堂讨论真正融入到课堂教学中。

美国大学的就业辅导中心怎样为学生服务

卢新勤

大学生就业于大学，就像产品销售于企业，一所大学培养的学生就业率高，就如同企业的产品销路好，就业率的提高无疑会提升大学的声誉，吸引更多的学生就读。因此，学生就业率高低是衡量一所大学综合实力高低的重要指标，尤其是在金融危机加深、大学生就业形势严峻的情况下。美国近期公布的大学排名，提高了学生就业率在学校综合实力中的权重。既然学生就业率直接关系到大学的声誉和地位，所以在美国，最关心毕业生就业的还是各大学本身。美国各所大学都竭尽所能，为毕业生就业提供各种周到温馨的服务，可以说从学生进校那天起，学校就在帮助学生选择今后的发展方向。那么，美国的大学是怎样帮助学生尽快实现就业的呢？在我们的培训学习中，有一项内容是走访美国乔治·华盛顿大学的学生就业辅导中心。

访问美国乔治·华盛顿大学学生就业辅导中心

（图片来源：blog. sina. com. cn/luxinqin）

乔治·华盛顿大学是美国顶尖的私立大学之一，位于美国首都华盛顿，它的创办者就是美国第一任总统乔治·华盛顿。如今的乔治·华盛顿大学有三个校区，我们去的这个校区是叫做雾谷（Foggy Bottom）校区，是华盛顿最初规划建校的地方，也是主校区。雾谷是华盛顿的心脏地带，位于宾夕法尼亚大道以南的19～24街区，与白宫、世界银行、国际货币基金组织和众多的联邦机构以及国家艺术馆、博物馆等相邻。所以，在该校的招生宣传中，特别强调其"独特的地理位置"。这个地理位置的优势就是，能为学生提供便利，获得到华府（华盛顿哥伦比亚特区）实习的机会，甚至获得联邦政府有关部门的就业岗位。尽管乔治·华盛顿大学是现在全美学费最昂贵的大学之一，但它还是成为美国许多高中生和其他国家优秀高中生的首选大学。在这所大学，我们遇到了两位来自中国的留学生，一位来自西安，正在读本科，其学费每年是35 000多美元，一年总花费大约需要50 000美元，相当于人民币340 000元；另一位来自重庆，本科毕业于北外，目前在此攻读研究生，一年学费是10 400多美元，一年总费用大约是24 000美元。由于申请者太多，乔治·华盛顿大学已经成为全美最难申请的大学之一，录取率从1988年的78%下跌到2006年的38%，其中67%的被录取新生都是原来所在高中排名前10%的尖子生。

美国的很多大学没有校门和围墙，它们和所在的城市街道融为一体，分不清哪里是校园，哪里是街道，其实街道就是校园，校园也是街道。走进华盛顿市宾夕法尼亚大道以南的19～24街区，一幢不起眼的小楼，就是这所大学的"学生就业辅导中心"。该中心的负责人热情地接待了我们。该中心共有专职人员22人，大多是资深管理人员，平均每年需要向9 000多名本科生和2 000多名研究生提供就业服务。当然，由于研究生就业有导师帮助，所以服务的重点对象主要还是本科生。特别有意思的是，可能是因为最近来访的中国大学代表团比较多，校方专门制作了中文幻灯片进行讲解，当然演讲者自己另外有一套英文"备份"，他们用英语讲授，现场有翻译，团里也有很多教授通英语，所以交流并不困难。通过热烈活跃的讲授、提问、解答，以及良好的互动交流，我们大致了解到该校在帮助和辅导学生就业方面的一些做法和经验，同时也了解到美国大学生的主要就业途径。

先说说美国大学生的主要就业途径。美国大学毕业生一般通过以下方式解决就业问题：一是企业以及其他用人单位预先抢定人才，美国的一流企业深知吸引一流人才到公司就业的重要性，所以会主动到一流的大学如哈佛、耶鲁、普林斯顿、麻省理工、加州理工、加州大学洛杉矶分校等，物色大三的学生或还有一年就要毕业的研究生，与这些学生签订协议进行人才“预定”；二是提出用人要求和条件，委托“猎头公司”到大学寻找“猎物”，一旦找到合适的毕业生，就主动联络，签订用人合约；三是大学把用人单位请到学校举办招聘会，与学生进行“双向选择”；四是教授推荐，尤其是博士研究生，这些学生一般都为导师做项目，而这些项目基本来自大公司或政府部门资助，借助导师的关系和推荐往往容易找到比较理想的工作；五是靠校友和家长找关系；六是定点培养，如美国宇航局基本定点在加州理工学院招聘人才，美国核能研究生也和部分大学有合作关系，用人单位负责向高校提供研究经费，高校则向用人单位输送人才；七是学生自己四处投放简历，自己寻找工作。

根据这些就业途径，美国的大学怎样为学生提供就业指导服务呢？从我们在美国乔治·华盛顿大学和其他大学了解的情况来看，他们的主要做法有以下六种：

第一，根据就业市场对人才的需要对专业设置进行调整。美国高校在专业设置方面比较灵活，每学期都会根据就业市场需求进行调整。学生进校后如对所选专业不满意，可以改变专业，学校对就业需求差、学生不喜欢读的专业会减少招生甚至撤销该专业，学校也会不断地提供各专业历年来的就业情况，供学生选专业时参考。据马里兰大学美华培训中心主任罗伯特先生的介绍，美国教育以培养兴趣为主，鼓励学生把兴趣放在第一位，美国的中小学教育鼓励孩子在玩耍中发现和培养自己的兴趣，信奉“十分钟规律”，认为做 10 分钟的作业和做 2 小时作业的效果是一样的。在高中毕业选择大学时，多数家长支持孩子把兴趣作为第一考虑因素。如果在一份挣钱多和一份喜欢的工作之间作选择，多数美国学生会选择为兴趣而工作。

第二，开设就业辅导课程，帮助学生提高推销自己的能力。就业辅导中心每年为学生开设就业辅导课程，内容包括怎样进行职业规划、怎样选修符合自己兴趣且有利于就业的课程、怎样制作简历、怎样掌握面试技巧，通过模拟面试活动，将学生的表现进行录像并讲评。个别学生在就业问题上有什么困惑，随时可以进行咨询，辅导中心的教师会提供一对一的服务和帮助。

第三，举办校内招聘会，邀请雇主进校与学生进行联谊对话。乔治·华盛顿大学在过去的一年里就举办了六场校园招聘会，每次都会邀请100多家单位的雇主进校与学生面对面进行交谈，了解双方各自的要求。这些用人单位需向学校交纳一定的注册费用。

第四，建立就业网络管理系统，在网上公布雇主需求岗位，学生上网提交求职简历。学校就业指导中心和全美相关大公司及人才库建立联系，随时公布雇主需要的工作岗位以供学生选择，同时安排学生到用人单位实习，雇主则通过学校网络挑选合适的毕业生，对初选的学生或派人进校面试，或通知学生到公司进行实习，双方满意后签订就业合约。

第五，利用校友和学生家长关系帮助学生就业。别以为只有中国人办事喜欢靠关系，找熟人，其实美国也一样。当我们问及美国存不存在靠家长的关系和门路帮子女找工作的现象时，乔治·华盛顿大学就业辅导中心的负责人很肯定地回答说，依靠家长的人脉关系帮自己的子女找工作在美国是很正常的事情，美国的大学都有“对外关系”部门，主要是与校友、政府部门、新闻媒体和学生家长打交道。各个大学都要求要善于利用校友和学生家长的社会资源，以帮助本校的毕业生更好地就业。乔治·华盛顿大学经常主动联络核心校友和重点校友，以争取他们对母校的支持，同时利用他们的社会经济地位帮助学生就业，这些校友对师弟师妹的就业也很热心，在同等条件下，会优先录取自己母校的毕业生。

第六，帮助学生参加政府部门公务员考试。美国联邦政府没有统一的公务员考试，但各个政府部门会自己组织用人招聘考试，如美国国务院、外交部等，这些部门的职位非常具有吸引力，但要考上却很不容易。由于美国政府部门雇员工资收入不高，以往对学生就业吸引力不是很大，在美国并没有形成趋之若鹜的公务员考试热。但随着经济不景气，企业风险大，政府部门提供的雇员职位对学生也越来越具有吸引力。在当前金融危机形势下，本科生就业难，美国大学也出现了考研热。

哈佛的精英气息和耶鲁的贵族气息

卢新勤

在美国培训学习期间，我们对美国的10所大学进行了参观访问和业务考察。这些学校包括著名的哈佛大学、耶鲁大学、麻省理工学院和西点军校等。那是在一个阳光灿烂的日子，我们走进了波士顿的剑桥城，走进了名冠全球、被誉为美国政府思想库的哈佛校园。在那里，我们与一大批来自中国的参观者不期而遇。在2010年这个暑期，无论走到哪里，都会遇到成群的中国人，如在纽约某条街道，甚至看见中国人多于美国人的情形！这些访客，主要是来自暑期中国高校的代表团和中国青少年夏令营。走进哈佛，走进这座世界顶尖级的高等学府，一种崇敬心情油然而生。就是在这片绿草地上，在这些红色砖墙、白色窗户的建筑里，先后诞生了8位美国总统，40位诺贝尔奖得主和30位普利策奖得主。比较流行的说法是，哈佛的一举一动决定着美国的社会发展和经济的走向。在中国留学生中，林语堂、竺可桢、梁实秋、梁思成，还有很让中国人感到骄傲和自豪的李肇星之子李禾禾，都是这所世界最著名的高等学府的杰出校友。

在明媚的阳光下，漫步在这所让人迷恋的校园，我早已顾不上为自己留下"到此一游"做记录，只想让自己的第六感官，充分感受这所名校的特殊氛围。尽管是假期，但在校园里，树荫下，仍会看到哈佛的师生坐在那看似很清凉的条形凳上，各自在膝盖上放着一台手提电脑，非常专注地在讨论什么学术问题。一所具有深厚学术积淀的著名学府，必然会有一种虽然看不见、摸不着，但是感受得到的气息。我觉得，这种气息，是一种精英气息，一种站在时代潮头引领世界思想的先锋气息。此生此世，虽无缘来到这所著名的学府求学，让这种气息好好熏陶几年，但能来到这所校园，哪怕只是短暂的停留，哪怕只是能够嗅一嗅这种气息，也是一种幸福……

哈佛大学校园：师生之间的交流

（图片来源：blog. sina. com. cn/luxinqin）

走进耶鲁大学校园时，却是一个细雨霏霏的阴雨天。美国的很多大学，都是没有富丽堂皇的校门，没有醒目的招牌，没有封闭的围墙，我们就是从一幢不起眼的临街小楼走进了大名鼎鼎的耶鲁，参观耶鲁就从设在这幢小楼里的校史馆开始。在校史馆，我们了解到耶鲁大学始创于 1701 年，是美国历史上建立的第三所大学，2006 年总平均排名世界第四，在全美最难进的大学里排第二。从校史馆出来，穿过马路，我们走进了耶鲁校园。耶鲁大多数古建筑均为哥特式风格，充满欧洲风情，富有中世纪古韵，造型精致华美，多建于 1917—1931 年。耶鲁大学的一位担任讲解员的学生把我们带到了一片被多幢红色建筑包围的草坪上，这些红色建筑就是耶鲁的学生宿舍。耶鲁大学实行类似牛津大学和剑桥大学的“住宿学院”制度，新生被随机分配到耶鲁大学的 12 个住宿学院中，且除极少数特别情况外，所有学生都将在学院中居住四年时间（大一和大二的学生必须居住在宿舍）。每所学院都拥有自己完备的设施，包括餐厅、图书馆、健身房、艺术工作室、琴房、照相暗室、电脑室、洗衣房、台球乒乓室、学生厨房等，大部分学院还拥有自己的电影院或剧院、攀岩室、壁球馆和桑拿房，这些设施都24小时对本院学生开放。

在学生宿舍区，我们看到了一座年轻人的雕像，这就是让耶鲁引以为豪的学生内森·黑尔的雕像。具有炽热爱国热情的内森·黑尔是1773级的耶鲁学生，在美国独立战争中深入英军防线搜集情报时被捕，并被处以绞刑。就义前，他留下了世代相传的豪言壮语："我唯一的憾事就是没有第二次生命献给我的祖国。"一所大学，何况是一所著名大学，历史上不乏知名人物，却能为一位学生塑立一座雕像，确实体现了"以学生为本"的精神，不禁令人感叹。

在访问耶鲁大学之前，我从有关资料了解到，在美丽的耶鲁大学校园内，有一幢希腊神庙式的小楼，几扇狭长小窗终年紧闭，整幢建筑笼罩着一种神秘色彩，这个并不起眼的建筑就是美国最神秘也是最有权势的同学会所在地。这里从不对外人开放，始终保持着自己特立独行的诡异色彩和精英风格，而且它还有一个令人不寒而栗的名字，叫"骷髅会"。骷髅会有着极其神秘的入会规则，更令人望而生畏的是它的会员名单，从这个骷髅会里走出了3位美国总统、2位最高法院大法官，还有无数美国议员以及内阁高官。经过172年的繁衍生息，从美国白宫、国会、内阁各部、最高法院以至于中央情报局，骷髅会的成员几乎无所不在，目前已成为在白宫、内阁、参众两议院、最高法院、中央情报局等部门都掌控着至大权力的"隐形帝国"。不过，在偌大的耶鲁校园，我拍摄了数百张照片，都未能拍到骷髅会的建筑。

最令我难忘的是充满贵族气息的耶鲁学生饭堂。当我们走进一座能容纳上千人的、气势宏大的建筑物时，谁都没能料到，这样一个看似装饰很华丽，真皮座椅很古老，很高档的地方，竟然是学生饭堂。在耶鲁大学里参观，感觉这里处处都在营造一种奢华的贵族气息。是的，正是这种特有的氛围，更是其独特的教育特色，让这所学校培养了大量社会精英。有5位美国总统毕业于耶鲁，除了总统之外，它还培养了众多美国政坛上光彩夺目的领袖人物，有副总统、国务卿、州长等，甚至还有韩国前国务总理李洪九等一些外国政治家。

耶鲁虽然以人文学科著称，但是其文理并重的风格同样为耶鲁造就了许多世界一流的科学家，迄今为止，耶鲁学子中共有近 20 人获得诺贝尔奖。据调查，在美国 500 家著名大公司里任职的高级职员中，耶鲁毕业生所占的比例最高，甚至超过了哈佛。

耶鲁曾培养出一大批杰出的中国留学生，包括容闳、詹天佑、颜福庆、马寅初、晏阳初、李继侗、杨石先、施汝为、陈嘉、王家楫、高尚荫、唐耀、杨遵仪、应开识、林瓔，等等。我们离开耶鲁的时候，看到我们访问耶鲁大学进入的第一栋小楼——耶鲁大学校史馆，又迎来了一批中国夏令营的学生，我们希望有更多的中国学生能如愿以偿地走进这所大学。

美国农业农村印象

美国农民的数量非常少，在 20 世纪 50 年代就只有 400 万，而在本世纪则只剩下 200 万，目前美国农、林、渔等部门就业人数只占全国总就业人口的 0.7%。2005 年美国的农业产值只占国内生产总值的 1%。从这个角度来说，在美国，农民是典型的边缘化群体，农业是典型的边缘化产业。但是，美国政府却高度重视农业。2007 年，美国农业部长迈克·约翰斯在接受人民网驻美国记者采访时说，美国农业部长在职位上向总统和国会参众两院所提的意见和建议“非常重要”、“总是被认真倾听”、“这跟农业在美国经济中所占的比重没有关系，而是因为民以食为天，谁都得吃饭，而且美国农业的确做得非常成功”。

美国大学农业推广制度及其启示

咸春龙

2010 年 7 月 23 日到 8 月 17 日，华南农业大学首期赴马里兰大学接受高等教育管理培训的中层管理干部一行 21 人，在学校党委副书记胡浩民研究员的率领下，经过 25 天的系统学习和考察，圆满完成学校党委的任务，达到预期效果。

在马里兰大学及其美华培训中心的精心组织和安排下，培训班学员在马里兰大学经历了三个星期的系统培训和考察，还利用周末和业余时间，横跨美国 11 个州，对哈佛大学、麻省理工学院、耶鲁大学等 10 所世界著名高校进行了访问考察。通过考察，马里兰大学一流的教育设施、优美的校园环境、深厚的文化底蕴和教师的敬业精神给我们留下了深刻的印象，特别是其农业推广制度对构建我国农村高教体系极富启迪意义。

一、美国大学的农业推广制度

马里兰大学是一所“赠地大学”。根据有关法案，马里兰大学从创办以来就坚持为当地农业生产服务，教授们从当地了解生产实际问题，把问题带回研究所，并提出解决问题的方案，用于指导生产。直到今天，马里兰大学农学院还在履行这种职能。马里兰全州有 23 个县，24 个行政单位，每个行政单位都有马里兰大学的农业技术推广中心，大学的农业推广人员遍布每个县郡，最广泛地向当地农户提供服务。设在各县的推广中心，雇有专门的人员为农民提供免费的生产技术服务，而农业推广中心的运作经费主要来自当地的郡政府、州政府和美国农业部，推广中心履行职能涵盖政策指导、技术服务、科学研究、新技术和新产品的推广，其作用相当于中国的地方农业局和农科所。也就是说，美国的政府部门为大学的农业技术推广中心提供经费，而大学的农技推广人员则为农民提供无偿的生产技术服务，美国的农民还享有不少的政策补贴优惠，这样才使农民有钱可赚，生活富足。推广中心的雇员都是由马里兰大学聘请的，有的是马里兰大学的教授，有的是长驻在推广中心的专职雇员。

美国大学农业推广制度的确立，得益于美国伊利诺伊州 J. B. 特纳（Jonathan Bardwin Turner）的贡献。在 19 世纪五六十年代，美国的教育很落后，仅有 2% 的人能完成 12 年教育。特纳积极投身于在每个州建立一所为劳动人民子女提供更高教育的大学的立法工作。他提出了三个目标：其一，创立大学，并以最低费用为劳动人民子女提供教育援助；其二，改进课程设置，增加为劳动者阶层利益服务的实践指导和职业教育；其三，向大学赠予联邦政府拥有的土地，以资助这种特殊大学的创立。这一思想在当时影响极为广泛，类似的立法不断出现。1862 年通过的《莫雷尔法案》（*Morill Act*）的核心内容，是以土地赠予为基础创立大学，并强调必须为农民提供教育，特别是迅速提高农民和农村贫穷家庭子女的受教育程度。1874 年，美国又通过《海奇法案》（*Hatch Act*）法案，该法案规定每年向每所“土地赠予大学”提供 1. 5 万美元经费，用以建立农业实验站。1890 年，美国国会又通过第二个《莫雷尔法案》，从而使得联邦政府对土地赠予大学的年度拨款制度化了。

在这些赠地大学中，教师们不仅教授农业科学，而且开始研究实际的农业问题。1890 年，大学中已开设了畜牧学、兽医学、农业经济学、园艺学、植物病理学、农业植物学等学科课程。“土地赠予法案”为普通人接受更高教育创造了条件，为农业推广服务制度的发展奠定了基础。《海奇法案》使美国农业真正走向科学。例如，推动大学在农业、畜牧业等方面的各种实验基地、实验室、实验田迅速发展，促进良种、农药、土壤改良、种植和饲养方法、排灌系统、环境保护等一系列农业科学技术的提高和应用成果的大量涌现，并推动农牧业科学和与其相关的学科相继诞生和蓬勃发展。此外，在 20 世纪初，《史密斯—利佛法案》（*Smith-Lever Act*）使得美国大学的农业推广制度开始进入县一级农业推广机构。该法案明确规定“推广体系”必须以大学为基础，是“土地赠予大学”不可分割的一部分，同时要在每一个县建立农业推广办公室，从而形成了以大学为基础，覆盖全美国每一个县的农业合作推广服务体系，使推广制度变为现实。

美国大学在《莫雷尔法案》等一系列政策措施的支撑下，利用自己的技术知识优势为当地农业经济发展服务，推动了当地农业教育和农业的快速发展。

二、构建我国农村高教体系的必要性和现实性

近年来，随着高教大众化、民主化呼声的高涨，我国的高等教育以日益增长的城市经济为依托，在城市中的发展已渐成气候，由此形成了我国高等教育的一元结构。在中国社会、经济、文化等“二元结构”特征长期存在的情况下，这种一元结构的高等教育地区分布已经造成了我国不完善且畸形的农村教育结构。农村基础教育、农村职教、成人教育及自学考试等形式已不能满足农村社会对教育和人才的需求，而对较高层次人才的培养几乎是一片空白，农村教育问题尤其是高层次教育问题已经成为长期制约我国经济和社会发展的瓶颈。《中共中央关于农业和农村工作若干重大问题的决定》明确指出：“农业的根本出路在教育，在科技……积极推进农村教育综合改革，统筹安排基础教育、职业教育和成人教育，进一步完善农村教育体系。”因此，高等教育必然也需要引向农村社会领域，从而建立适应农村发展的高教体系。这是进一步实现高等教育功能和科教兴农目标的必由之路。

中国社会、经济、文化的“二元结构”将会在相当长的历史时期内存在，这种结构要持续地发展，必然要求高等教育“二元结构”与之相适应。然而在我国，高等教育分布是一元结构的，如上文所述，它以城市经济为依托，高教机构主要分布于各大中城市，而极少为农村、农民和农业培养人才，严重不适应目前中国农业经济社会发展的需要。因此，建立农村自己的高等教育体系，发展符合“三农”实际需要的高等院校，以此来平衡我国高等教育的布局结构，这是目前我国高等教育发展需迫切解决的问题。

三、发展农村社区学院是构建我国农村高教体系的必然选择

参照美国社区学院的特点，即面向社区、服务社区，突出其服务职能，从而为当地培养实用型和应用型人才，我国要建立一个完整的农村高等教育体系，应该具有如下特性：

（1）目的性。农村高等教育体系应依据“科教兴农”的要求，适应农村人口接受高等教育和多方面发展的需要，为农村培养实用型人才。

（2）适应性。农村高等教育体系应立足于农村经济和社会发展的需要，着眼于农村人口整体素质的提高，致力于使学习者具有适应农村生存与发展需要的良好的文化基础和适应农村生产生活的实用技能，为农村培养多方面多层次的，留得住、用得上的实用人才。

（3）分散性。农村高等教育体系应具有分散性网络化的特征。例如，在美国，每30平方英里的地区都分布有社区学院。

（4）灵活性。农村高等教育体系的办学形式应具有多样性、灵活性、实用性等特征，实施学历教育与非学历教育相结合，以非学历教育为主；全日制教育与半工半读相结合，以半工半读为主；理论课程与实践课程相结合，以实践课程为主；课堂教学与生产劳动相结合，以生产劳动为主；全面发展与一技之长相结合，以一技之长为主；职前教育与职后培训相结合，以职后培训为主；通识教育与学以致用相结合，以学以致用为主等。

在我国发展农村社区学院，其主要应该分布在县级行政范围内的地方经济、社会和文化生活地区，即县域地区。县级以上的地市一般均分布有高等院校，如师专、学院或综合性大学，省会城市则更是高校云集。因此，在省市社会文化和生活区域内，基本不存在高等教育布局结构的问题，而县一级范围内，高教机构则少得可怜，至多分布着县级电大、师专学校等，并且县与县之间的差别也是很大的。因此，农村地区基本上没有自己的服务于本地发展的高等教育。在县级范围内的农村地区，高教机构的布局结构问题是目前影响我国高等教育发展规模和速度及适应农村社会发展需求的诸多制约因素之一。农村经济发展的现状令农村教育反思：如何完善农村地区高等教育体系，培养农村“留得住、用得上、用得好”的实用型人才？

在我国现有条件下，农村高等教育体系的建立应以“科教兴农”方针和高等教育大众化理念为指导，以重点高等院校为依托，以地市高等院校为龙头，以县区农村社区学院为主体，形成辐射乡镇的分散性网状结构，由县区基础教育、职业教育、成人教育、高等教育等多种教育统筹结合，采取多种教育手段和教育方式，为农民兄弟提供多种、多次学习机会，满足他们多方面、多层次的学习需求。在这个体系的建立过程中，中央和地方两级政府要提供政策支撑和部分资金支持，地方政府统筹下的农科教等部门应共同实施，协同合作。

农村社区学院可利用现有教育机构的资源，对现有普通高校的学科结构、教学单位进行调整和分流，把部分承担基础教学的部门逐渐分离出来，与社区联合办学，成为面向农村服务的二级学院或附属学院，最终发展成为独立的社区学院。

利用社区内成人高校、中等专业学校的现有资源，挖掘其人力物力和设施资源的潜力，扩建或联办成社区学院，使其切实为当地所在农村培养人才。要采取灵活的招生形式，充分考虑我国现有农村人口的基本素质和文化水平，可适当放宽对社区内学生的招生标准，以吸引更多的农民子弟入学。

根据强化社区服务功能的需要，创办新的农村社区学院，要考虑农村的地区差异，如经济状况、现有的教育资源条件、民族文化和地理环境等。

农村社区学院在办学模式和内容上可以灵活多样。在师资方面，实行专职教师和兼职教师相结合的方式，兼职教师可由社区内外的诸如专家、学者、科技人员、企业家，以及生产一线的工程技术人员、管理人员和经验丰富的各类专业人才组成；在教学组织方面，强调实际应用，侧重培养熟悉工艺设备、懂操作、会维护的工程技术人才与农村商贸、经济人才；在教学模式上，实行个别化、个性化教育，满足每一位学生的发展需要，真正实现学生的自主化学习。

总之，伴随着当前我国农村地区经济和社会的发展，高等教育体制改革已走向深入，发展农村地区高等教育的问题早已被提到议事日程上来了。农村地区要发展，没有高等教育不行；未来要实现高等教育普及化，没有农村地区高等教育也不行。鉴于建立农村高等教育体系的要求，以及我国农村的现状，创办中国特色的农村社区学院是我国高等教育寻找新的增长点的正确选择，也是改变农村相对落后面貌的一项可行而且有益的举措。

美国华盛顿郡的有机奶牛农场

胡浩民

美国的农场是世界上高效率的农业现代化企业，百闻不如一见，我们这些来自华南农业大学的学者亲历其境后更感眼界大开。

八月盛夏，马里兰大学安排我们到马里兰州西部的华盛顿郡考察奶牛场。奶牛场坐落在地形平缓的丘陵地带，属于一户“小桥流水人家”。体魄壮硕的农场主马瑞和带路的农业技术推广站技术员吉姆非常熟络，一番寒暄之后即进入正题介绍奶牛场情况。

马瑞的农场拥有250英亩（1英亩折合6.07市亩）土地，出租50英亩，自己直接耕作200英亩牧场。这些土地是他从父亲手中以1英亩1万美元的价格买下来经营的。父传子的土地要让儿子掏腰包，尽管是“优惠价”，于中国人而言也是不可思议的。马瑞的奶牛场有85头奶牛，其中70头已产奶，另有60头小牛。他告知我们这些来访者，他的奶牛每只年产奶1.2万磅，比全国奶牛年产奶平均水平的2.1万磅少多了，但他产奶少的奶牛卖的牛奶价格高，每只奶牛卖出的奶年利润为1 800美元（约人民币1.2万元），比全国普通奶牛平均年利润800美元高出1倍多。“你们知道这是什么原因吗?”马瑞故意卖卖关子，“这就是今天我要给大家讲的故事的‘秘密’。”接下来的考察终于让我们弄明白，这是一个有机奶牛养殖场，是优质有机奶让他卖出了高价钱，获得了高效益。

那么，马瑞的优质纯天然牛奶是如何生产的呢？按照美国有关部门的规定，奶牛必须每年放牧6个月以上，才能通过有机产品生产的认证许可，而马瑞的奶牛，通常3月开始在牧场放牧，12月初要被赶回牛棚圈养过冬，每年超过8个月在牧场放牧。马瑞的奶牛场内高达6米的牛棚通风透光好，地面是有缝隙的水泥预制件，奶牛粪便通过缝隙流到地底大粪池。马瑞打开粪池的钢板护盖，指着粪池说："我们雇请外面的公司抽走粪便，经过发酵无害化处理再回施牧场种牧草，草场的除虫防病也采用生物制剂，以确保牧草不使用化肥、农药，纯天然生产。"

马瑞奶牛场生产的牛奶如仅仅是纯天然，不"优质"，也卖不出优质价格。我们还观察到马瑞在牛奶生产过程中运用的科学方法。我们看到室外四个大堆场，堆放着已有1年时间的玉米秸秆，其中2个堆场用帆布压得严严实实。马瑞走近一个正在取用的堆场，拿一把暴露在外的玉米秸秆青贮料让我们闻，一阵阵淡淡的秸秆清香扑鼻而来。懂行的同事告知，由于玉米秸秆有发酵的乳酸菌，经过一段时间分解、发酵，更有利于奶牛消化吸收。其实，这种方法国内也普遍使用，只是马瑞"技高一筹"，他在玉米青贮料和干牧草中加入了含微量元素的17种海洋生物，以及一种纯天然的内含矿物质的橘红色的盐，作为饲料添加剂，提高了奶牛的食欲，丰富了饲料的营养，也提高了鲜奶的品质。

马瑞有机牛奶优质的另一个"秘密"，是利用著名的荷斯坦奶牛产奶量高、苏格兰娟姗奶牛乳脂高的特点，进行杂交，培养出乳脂高、产量也高的杂交奶牛新品种。现在，他的乳脂率高的杂交奶牛，每天挤奶2次，1次挤奶量可以达到40磅！

马瑞的家庭奶牛场没有长年雇工，我们到他家里做客，见到家里除了2位老人外，还有七八个小孩，他说他的家庭只有3个小孩，大女儿15岁左右可以帮帮工，其他的小孩是他的妻子帮别人照看的。所以，这个每年仅牛奶纯利润即达12.6万美元（约合人民币85.68万元）的农场主要靠马瑞一人在经营。他让我们看高达3米的大型饲料混合搅拌机，以及土壤旋耕机、牧草收割机、自动挤奶设备，正是这些机械化的生产方式解放了劳动力问题，使马瑞的奶牛场得以规模化生产。同时，我们也了解到，作为精明的农场主，马瑞也懂得利用市场对生产的某些环节进行替代经营，如雇用专门的公司帮助清理粪便及喷洒生物农药等。因此，美国的农场主已经不仅仅是单纯的生产经营者，更是集经营、科研、管理于一身的现代化农业组织的执行者。

一年四季迎客销售的詹姆士果场

胡浩民

詹姆士果场位于美国马里兰州，占地400英亩（约2 400多市亩），是一家专门种植桃子、苹果、香瓜等水果的农场。这个农场引人注目之处，是农场主詹姆士宣称可以一年四季迎客销售自产水果。

2010年8月初，骄阳似火，在马里兰大学推广试验站的安排下，我们在酷热中实地考察了詹姆士的果场。詹姆士30来岁，长得敦厚结实，说话干脆利索，充满自信。面对汗流浃背的来访者，主人首先带我们参观了果场冷藏库。冷藏库外形像一幢5层楼高的大厂房，中心冷库与包装车间、货箱周转车间相连，占地约2 000多平方米。詹姆士启动冷库自动门的开关，一阵阵冷气即从库内涌出，我们置身冷库中，不一会便觉得身体吃不消了，冷得发抖，一问，方知库内温度为1℃。据说水果从采摘入库到出库销售都是这个温度，这样有利于保鲜。已经整齐堆放库内的桃子、苹果光鲜靓丽，全部置放在一个个可容纳500磅水果的硬塑标准箱内。詹姆士介绍，这些从巴尔的摩采购回来的箱子是按联邦政府的标准生产的，共采购了5 000只，原来使用的木箱已逐步被淘汰。有了这些硬塑水果箱，再配以叉车运输，水果采购后的进库、堆放、包装、外运便全部实现了机械化操作，节省了劳动力。而且，硬塑水果箱不怕挤压，可以通过叉车在冷库内垒起8层高堆放，充分利用了库容，使冷库最大储存量可达1 500只标准箱。有了这样一个大型冷库，詹姆士的果场在水果生产旺季及时保鲜、周转，在水果生产淡季可以储存分批销售，凸现这个果场一年四季都有自产水果销售待客的特点。

为了提高冷库的利用效率，詹姆士通过科学种植和管理尽可能地延长水果摘果期。他分别种植了早熟、迟熟品种的桃子，令同株桃树的桃子逐步成熟再分批人工采摘，在采摘收获旺季，还需要雇用一些临时工帮忙。我们跟随詹姆士进入桃园摘桃子品尝，亲身体会到他的桃子渐进成熟的特性。他一再叮嘱我们“必须挑两边都红透的成熟桃子才摘”。可能是桃园已在清晨采摘过的缘故，他领着我们绕看了四五棵树才摘了一两个成熟的桃子。同事中有不按他的要求采摘的桃子，品尝时果然不如已采摘在库的成熟桃子清甜。詹姆士的果园摘桃从7月开始到8月底结束，此时，早熟的苹果品种也可以成批量采摘上市，苹果的采摘期前后长达近4个月。“最后采摘的苹果品种是富士苹果，到11月才采摘。”詹姆士说。这样，不同种类的水果和同种类不同成熟期的水果品种科学搭配种植，使詹姆士的果场水果采摘周期延长，有近半年的水果采摘期，因而大大提高了冷藏库的利用效率，降低了经营成本。

本文作者和詹姆士（左）在果场合影

精于管理的詹姆士还很会打经营的算盘。他的果场生产的桃子品质优良，是美国最好的桃子，主要供出口，如销到中美洲巴拿马等国。使用冷藏库成为果场平衡水果外贸出口、有计划地投放市场的重要手段，使果场的水果出口销价要比国内的销价高。但他又宣称他的果场赚的利润少，“农场去年水果销售收入超过百万美元，但赚的利润不到10万美元；赚的钱多了，奥巴马从税收里拿走的钱也多，不值得!”詹姆士幽默地说。为什么高产出、高价格会低收益呢？我们注意到，詹姆士已经把他的大量隐形利润投入到农场的现代化装备上了。例如，他购买1只水果硬塑标准箱成本为150美元，5 000只就需投入75万美元（相当于人民币510万元），还有大型冷库、叉车、冷藏车等固定资产和运输工具的投入，这样大量的投资都被他摊入经营成本了，难怪账面上只有不足10万美元的利润。精明的詹姆士以精于算计的企业财务运作，去实现他的现代化果场经营的可持续发展。

多方整合　资源共享　服务农业　互利共赢

——访马里兰大学有感

陈　林

暑假期间，本人参加了在美国马里兰大学举办的高等教育管理培训班的培训。为期25天的学习，给我留下了极为深刻的印象，尤其是马里兰大学强有力的农业科技推广体系。中国是一个农业大国，农业、农村和农民问题是关系国计民生的重大问题，在农业发展上与早期的美国有一定的相似之处。在中国，农业大学担负着培养农业人才和传播农业技术的重任。如何在现有基础上更好地发挥农业高校服务农业的功能，他山之石，可以攻玉，我们可以在一些方面借鉴马里兰大学的做法。

一、马里兰大学农业科技推广体系概况及特点

马里兰大学的前身是马里兰农学院，成立于1856年，是一所“赠地学院”①。根据美国有关法案规定，马里兰大学自创办以来都要履行为农业生产服务的责任。马里兰全州有23个县，24个行政单位，每个行政单

① 1862年美国国会通过了《莫雷尔法案》（亦称《赠地法案》），规定各州凡有国会议员一名，拨联邦土地3万英亩，用这些土地的收益维持、资助至少一所学院，而这些学院主要开设有关农业和机械技艺方面的专业，培养工农业急需人才。1890年又颁布第二次《赠地法案》，继续向各州赠地学院提供资助，到19世纪末，赠地学院发展到69所。这些学院后来多半发展为州立大学，成为美国高等教育的一支重要力量，为美国的经济腾飞作出了重大贡献。http：//baike. baidu. com/view/1785631. htm? fr = ala0_1

位都有马里兰大学的农业技术推广中心，大学的农业推广人员遍布每个县郡，最广泛地向当地农户提供服务。设在各县的推广中心，雇有专门的人员为农民提供免费的生产技术服务，而农业推广中心的运作经费主要来自当地的郡政府、州政府和美国农业部，推广中心履行职能涵盖政策指导、技术服务、科学研究、新技术和新产品的推广。也就是说，美国的政府部门为大学的农业技术推广中心提供经费，而大学的农技推广人员则为农民提供无偿的生产技术服务，不仅如此，美国的农民还享有不少的政策补贴优惠，这样使得农民有钱可赚，生活富足。推广中心的雇员都是由马里兰大学聘请，有的是马里兰大学的教授，有的是长驻在推广中心的专职雇员。

马里兰大学之所以能同农村社会建立如此广泛而密切的联系，并构筑起如此强大的社会服务系统，是有缘由的。主要体现在以下四个方面：

（一）以制定法律政策为主要保证手段

100 年以来，国会通过了多个与农业院校相关的联邦法案，这些法案既规定了农业院校的种种责任，又对其办学基本条件及其发展起着强有力的保证作用。例如，《莫雷尔法案》、《太平洋土地法案》、《海奇法案》、第二个《莫雷尔法案》、《史密斯—利佛法案》……“到 1994 年的《初等和中等教育再授权法案》为止，从第一部《莫雷尔法案》颁布算起，相关的法案数量据不完全统计有 28 部之多。”① 政策的制定也对农业院校有较大的倾斜。在工资方面，如果本科毕业生从事农业推广工作，其起点工资略高于一般行业，有些推广人员的工资甚至高于一般教授的工资。在管理方面，各州的高等农业教育、农业科研和农业推广三个方面都统一于各州立大学农学院，不存在“三足鼎立”的状况，大学自主权很大，便于统筹协调。

（二）以政府大量投入为主要扶持力量

马里兰大学的农业推广工作与社会的联系十分密切，其推广经费的来源也要比其他项目的经费来源更为广泛，但主要的来源依然是政府投入。一方面州政府为学生提供教育经费和资源，另一方面联邦政府为大学教授提供大量科研经费，还为学生提供奖学金。1874 年的《海奇法案》授权联邦政府每年向各州拨款 15 000 美元供赠地学院创办农业实验站。1907

---

① Land-grant university. http：//en. wikipedia. org/wiki/Land – grant – university

年的《纳尔逊修正案》（*Nelson Amendment Act*）规定，从1908年财政年度开始，5年内在最初的赠地基金基础上，每年额外追加5 000美元。1914年的《史密斯—利佛法案》（*Smith-Lever Act*）授权农学院和农业部合作承担农业推广工作，并为推广工作提供联邦政府拨款。第一年联邦政府拨款为48万美元，第二年为60万美元，此后连续7年，每年增加50万美元，直至年度拨款总额达到458万美元。由此可见，政府经费的支持力度是相当之大的。

（三）以农业科技推广为主要服务方向

尽管马里兰大学也下设多个学院，但其与农业科技相关的学院依然占有很大优势，大学也一直坚持为当地的农业生产服务。尤其是，学校中很多学生来自农村，他们的很多实际问题需要得到解决，此外，还有当地的农民需要相关科技指导。这就使得马里兰大学把注重农业科技的研究与推广，推动当地农业生产发展作为主要研究项目。马里兰大学的科技推广中心就很好地把农业研究和应用推广结合起来。科技推广中心，一是为当地农场主服务，为他们提供技术咨询，帮助解决生产过程中出现的问题（当然，解决不了的还要请马里兰大学校本部的教学、科研人员帮助解决）；二是可作为学生的实验、实习基地；三是可作为马里兰大学的教学、科研基地，一些教师的科研项目亦在中心做实验。这样，一方面为当地农场主提供了服务（免费），另一方面使教师的研究更贴近实际，有利于科研成果转化为实践指导。

（四）以农业实用知识为主要教学内容

《莫雷尔法案》中规定的目的是“提高劳动阶级的文化和实用教育”，要求把人才的培养与社会经济的发展紧密联系在一起，做到注重实干、不尚空谈。马里兰大学正是以此为依据，紧密结合所在州的经济建设状况，致力于培养农业技术、机械制造和维修等方面的人才。开设的课程包括畜牧学、兽医学、农产品加工学、农村建筑学、农场管理和农村经济学等。除此之外，学校还为农民安排各种各样的课程，为不够条件上大学的青年举办冬季短期课程培训，举办巡回园艺讲习班，发行通俗易懂的读物，在学校开设自然科学的课程，举办函授教育等，这些措施得到了农场主和农民的欢迎。

二、马里兰大学农业科技推广体系对我国农业大学发展的启示

综上所述，通过马里兰大学的农业科技推广体系，我们可以看出，在美国，农业院校为农业服务和农民们充分利用这种服务的意识都很强；农业院校有严密的社会服务系统，它与农村社会建立了一个庞大的联系网络；推广工作是这个网络的主要纽带。要进一步改革和发展我国的农业事业，就要从我国的国情出发，有选择性地借鉴国外的经验，以达到“多方整合、资源共享、服务农业、互利共赢”。

首先，要运用财政和法律手段，保障农业高校的科学发展。马里兰大学之所以取得如此快速的发展，跟政府财政和法律手段的支持是分不开的。尤其是联邦政府的经费支持涉及范围极广，而且几乎没有任何限制或附加条件。不仅如此，政府不干涉学校的计划，不直接参与学校的各项管理。但是在我国，高等教育却存在一个奇怪的现象，就是高等教育并不十分重视作为第一产业的农业，只重视第二、第三产业，特别是第三产业，或者只是针对一些具体的行业，似乎一沾上“农”字，院校就很难生存。因此，我国农业高校的科学发展也需要以财政和法律手段作为保障。农业高校的发展需要财政上的大力支持，但是我国是一个发展中国家，在教育方面的投资还远远不够，在农业教育方面的投资则更少。我们应该学习美国的做法来加速发展我国的农业高校。一方面政府要加大在高等农业教育方面的投资，另一方面还要通过多种渠道来筹集资金，如吸引一些企业、私人团体和组织来进行投资。当然，仅仅依靠财政和资金筹集是不够的，还需要法律上的大力支持。要通过教育立法，将国家相关部门制定的农业教育政策以法律的形式固定下来，使之成为各级教育主管部门的工作依据，在法律的监督下确保农业教育的顺利实施。我们可以吸取美国联邦政府通过颁布《莫雷尔法案》创建赠地学院的经验，加强我国高等农业教育立法，加大执法的监督和惩罚力度，以建立和完善保障农业高校科学发展的法律体系。

其次，要改革各项管理体制，实现农业资源的优化整合。中国的农业教育、农业研究和农业推广主要由农业高校、农科院、农科所、农技推广站等来完成。但是他们各自为政，分属于不同的管理机构。因此，在进行

具体的农业服务时，会出现科研与实践相脱节、同一问题重复研究、不利于科研成果的转化等现象。如果能借鉴马里兰大学进行相关体制的改革，把农业高校、农科院、农科所、农技推广站进行优化整合，将会实现资源共享，互利共赢。有这样一个例子，广东省顺德市在今年5月6日，将价值4亿元的北滘医院无偿移交给南方医科大学。政府举办、南方医科大学管理，这种模式没有改变北滘医院的公益性质，依然是把维护人民健康权益放在第一位。这是医疗改革的率先尝试，也是探索公立医院管办分离模式的很好的实践。马里兰大学校长莫特认为，中国办学往往更多地考虑教学的硬件。中国办学面临的一个挑战是，中国的大学必须走与社会和企业相结合的道路，要有甘冒风险的企业精神，要在全球范围内与政府、公司企业建立伙伴合作关系。① 因此，华南农业大学可以以此为鉴，率先探索一条适合我国农业发展的教育、科研、服务之路。

再次，要适应当地农业发展，完善农业高校的服务功能。马里兰大学的农业科技推广最突出的特点是在法律的保证下建立了教育、科研、服务三位一体的结构体系。目前，中国不少高校在服务社会这个功能上还有欠缺，而农业高校也不例外。农业高校应当吸收马里兰大学的经验，结合当地农业发展的具体实际和学校的自身优势，来为当地农业提供服务。一是为地方政府提供农业咨询和决策服务。农业高校要充分发挥学校的农业教育和科研优势，在政府制定农业政策、规划农业发展方面提供参考意见，鼓励农业专家、学者到地方任职，直接参与决策和管理。二是培养、鼓励优秀农业人才到基层去建功立业，对愿意到基层服务的学生给予物质和精神奖励。马里兰大学成功的一个重要因素正是因为其依据当地社会经济发展的实际需要开展教学，为当地培养了大批高素质的实用性人才。为建设新农村培养大量新型农民同样也是我国农业高校服务新农村建设的主要内容。华南农业大学结合广东社会经济发展实际，在教学计划中开设包括花卉园艺学、果蔬贮运、病害种子检验原理与技术、淡水养鱼及特种水产和当代中国农村社会概论等30多门全校任选课程，为广东省培养了大批农业技术人才。三是为当地农民提供短期培训。培训可以通过函授、网络教

---

① 莫特. 大学必须与社会和企业结合. 文汇报，2007－10－31.

学、电视教学、科技讲座和集市咨询等形式来展开，培训时要注意针对农民的特点和需要，采取通俗易懂、方便实用的方式。四是鼓励农业高校教师到农村生产的第一线，有针对性地实地解决农民们遇到的各种难题。

最后，要开展实用农业研究，提高农业服务水平。现阶段我国的农业高等院校，相当一部分研究课题的选择没能结合我国经济发展的实际，导致研究成果难以在生产或生活中被应用，消耗大量人力、物力、财力的科技成果往往被束之高阁。因此，开展实用农业研究是十分必要的。只有密切结合农业生产实际来开展科研研究，才能最大限度地实现科技成果的转化，使农业科研真正地服务于农业。在这个方面，华南农业大学已经进行了一些有益的探索。例如，在“SARS”和“禽流感”疫情爆发期间，学校利用“农业部畜产品质量安全监督检验测试中心（广州）”、“国家兽药残留基准实验室”、“国家重要人畜共患病诊断技术平台”、“广东省兽药研制与安全评价重点实验室”和“农业部养禽与禽病防治重点开放实验室”等科研平台承担科技部、省科技厅等一大批重大和重点项目，获得项目经费支持2 000多万元，鉴定成果7项，开发出国家二类新兽药6种，三类新兽药5种。仅2003年9月至2004年2月全国禽流感疫情爆发期间，共推广灭活疫苗9亿羽份，直接减少禽流感造成的几十亿元经济损失。“禽流感疫苗的研制与推广”还分别于2004年和2005年获广东省科技进步一等奖和国家科技进步一等奖。① 今后，农业研究要以应用研究为重点，特别是要集中力量研究当前农业部门急需的、短期能见效的、具有重大经济效益的技术项目，切忌不顾自身条件一哄而上，将大量人力物力投入到尖端技术、高新技术研究中。要克服研究与农业建设和发展脱节的弊端，进一步提高农业服务水平。

可喜的是，我国的一些农业大学已经注意到要把理论和应用结合起来，以适应当地经济社会发展的需要，并且已经取得了不错的成绩。华南农业大学就一直通过其农业科学的优势致力于社会主义新农村建设。但是通过对比，我校跟美国大学的农业服务现状还有一定的差距。因此，华南农业大学还需进一步解放思想，为满足珠江三角洲、华南地区的农业发展需要，积极拓展服务社会这一功能。

---

① 黄文勇，李大胜，张春苑．高等农业院校服务社会主义新农村建设的探索与实践．沈阳农业大学学报（社会科学版），2007，9（4）：488．

美国的农产品价格便宜得令人羡慕

卢新勤

2010年，由于大量投机资本涌向农产品市场，导致了中国农产品市场价格的大幅度涨价。从“蒜你狠”、“豆你玩”到“姜你军”、“糖高宗”再到“油你涨”、“苹什么”……连番猛涨的农产品价格，让一些低收入家庭的恩格尔系数居高不下。①

我认为，看一个国家、一个时期的居民生活水平，不仅要看其收入水平，还要看其食品支出比重，尤其是要看其农产品价格水平。这里就拿美国的例子来说说吧。在我们的印象中，老美都喜欢借贷消费，如房子贷款、车子贷款，甚至家用生活品也是透支刷卡，弄到最后，手中没剩下几个钱用来吃饭。在旧金山为我们提供出行服务的黄先生，十多年前从香港移民到美国，现在是一家酒店的客房主管，他给我们介绍了一些他的情况：他的年收入是6万多美元，养育2个孩子，在美国属于刚刚够格的美国中产阶级家庭。他告诉我们，这6万多美元除了缴联邦税、州税以及房产税和买社会保险费去掉2万美元左右以外，供楼一年又去掉2.8万美元，两部车子的还贷去掉几千美元，再加上教育和医疗的支出，剩下的用于生活支出的钱，一年也就八九千美元左右，平均一个月大约七八百美元，其中食品支出平均每月最多五六百美元。所以，他和许多美国家庭一样，钱都花得光光的，一般都是没有储蓄的。黄先生说，他家的食品支出

① 所谓恩格尔系数（Engel's Coefficient），是指食品支出总额占个人消费支出总额的比重。该系数的计算方式是：恩格尔系数＝家庭食品支出总额÷家庭消费支出总额×100%。据联合国粮农组织的标准，恩格尔系数在59%以上为贫困；50%～59%为温饱；40%～50%为小康；低于40%为富裕。

占其总收入的12%左右。他说，这样的恩格尔系数，并不能说明他们的生活很富裕，而只能说，比起美国人的收入水平来说，美国的农产品价格确实很便宜，所以美国社会的平均恩格尔系数也就在12.5%左右。

美国华盛顿市郊的“大中华”超市农产品价格

（图片来源：blog. sina. com. cn/luxinqin）

后来，黄先生把我们带到华盛顿市附近的一家超市，这家叫做“大中华”的超级市场，显然是中国老板开的，来这家超市购物的华人很多，所以很多商品还标上了中文。看着那些农产品价格，真让人羡慕，难怪老美敢把一个月的钱花到只剩下几百元用来吃饭。

美国乡村见闻：远离尘嚣的美国阿米什人

王常青

2010 年 8 月去美国考察，通过身边的朋友和导游的介绍，我对 Amish（阿米什人）少数民族产生了一些好奇，因此在去布法罗市的归途中，探访了阿米什人。

阿米什人大约在 150 年前为了躲避宗教迫离、军队屠杀，从德国漂洋过海来到北美大陆，现已繁衍至第三代了。目前，这个民族大约有 4 000 人，族人信仰基督教，主要从事农收业、手工业，自己织布缝衣，自给自足，过着日出而作、日落而归的生活。他们除了与外族人交换和出售多余的农副产品外，几乎不与外界接触，而且多余农副产品换回的美元和物品，均归族长管理，各家庭不存钱。其婚姻仅限于族内婚，实行一夫一妻制，并禁止女孩子打扮，连扣子都归为首饰类。由于近婚，我所看到的阿米什人的身材都较矮。

阿米什人生活在当今科学技术高度发达的美国，主要交通工具居然还是马车，不过出远门还是可以乘公共汽车、火车等现代化交通工具的。但如果要去欧洲走亲戚，据说只能乘船，因为当年他们的祖先就是这样来美洲大陆的，后代仍然遵循这种方式。阿米什人几乎拒绝使用任何现代化的机器，如不用电，只使用煤气，不用自来水，没有电话，不看电视，更不用说使用电脑。他们对现代化熟视无睹，虔诚地遵守一切清规戒律，过着“世外桃源”般的古朴美好、与世无争、怡然自得的生活。

由于其民族的特殊性，美国政府不向其征税，也不要求其服兵役。

他们并非生活在 20 世纪中期，而是生活在现代社会的美国，这就是我所见所闻的阿米什人。

阿米什人的房子

阿米什人的商店门口

阿米什人与我校老师交流

行色匆匆看美国社会

一百多年前，美国就已跨入世界强国之列；冷战结束以来，它更成为当今世界唯一的超级大国。美国有许多公认的世界之最——世界上经济最发达的国家，政治最民主的国家，法制最健全的国家，文化最繁荣的国家，言论最自由的国家，科技最先进的国家，军队最强大的国家，对外最“嚣张”的国家，等等。正因为美国是这样一个国家，因而凡是初到美国的人，对美国社会的方方面面、点点滴滴都感到好奇，都希望了解。本编的9篇文章，就是从不同角度对美国社会的“管窥”。

赴美国考察后的三点印象
——社会学的视角

张兴杰

经过20多天的美国之行，我对美国的农村现代化、生活方式及宗教有很深的感触，本篇文章仅对这三个问题稍作描述。

本人平常主讲课程之一是“社会学概论”，社会现代化、生活方式及宗教均是必须讲授的重要内容，在美国收集的相关资料、拍摄的相关图片和视频为该课程的教学提供了最真实的素材。

一、美国是“一元社会”

在发展经济学领域，荷兰经济学家伯克、美国经济学家刘易斯和乔根森，曾提出并发展了“二元经济”理论。他们所说的“二元经济”，简单地讲，就是指发展中国家现代化的工业和技术落后的传统农业同时并存的经济结构。其实，在许多发展中国家，不但存在着“二元经济”结构，还存在着“二元社会”结构。数十年来，我国就一直是一个典型的“二元社会”——由于对城乡采取不同的政策，从而造成了城乡差别、工农差别巨大的情况：经济、社会发展程度大不相同，教育、科技发展水平大不相同，市民与农民所享受的福利待遇大不相同，市民与农民的社会地位大不相同……尽管最近30多年来我国的城乡差别、工农差别在某些方面已趋缩小，农民流向城市、农民转为市民的路径已增加了很多，城乡隔离、城乡分治已趋弱化，但总体上，我国“二元社会”的轮廓仍清晰可见，在主要方面仍没有明显变化。

与包括中国在内的许多发展中国家相反，目前美国农村已基本实现了现代化，在此基础上美国已基本实现了城乡一体化，城乡差别、工农差别在主要方面已可忽略不计，美国已成为一个“一元社会”。城乡同“元”，这反映了美国经济的发达、社会建设的完善、人民生活的富裕，反映了美国当代文明所达到的高度。

在20多天的时间里，我们在马里兰大学培训班上听了美国专家主讲的涉及美国农村农业农民的讲座，坐车穿越了美国东部和西部的广大农村，还在马里兰大学农业推广试验站的组织下，实地参观考察了马里兰州“詹姆士”果场、华盛顿郡“迈瑞”农场。所见所闻让我们深切感受到，美国农村已基本实现了现代化。

“迈瑞”农场主的住房条件不错

首先，美国农民住房条件不错，农村环境整洁，社会秩序良好，一派资本主义“新农村”的繁荣景象。拿住房来说，美国农民的家并不是中国农村常见的那种农家小院，而是几百平方米的楼房，一般都是两层，看上去跟美国城镇大多数私人住宅没有任何区别。目前，中国不少村庄因劳动力“倾巢”外流等原因呈现出凋敝的现象，而美国农村早已不存在这种状况。

其次，美国农业已完全实现机械化，农民已从繁重的体力劳动中解放出来。不论是“詹姆士”果场还是“迈瑞”农场，都有各种各样的农业机具，其中很多我们都叫不上名字。据主人介绍，果场和农场的每一道生产工序都已经实现了机械化操作。可以说，美国农民在一定意义上已由“蓝领”变成了“白领”。人们常说，美国农业劳动生产率很高，一个农民可以养活73个人，而中国一个农民只能养活5个人①。那么原因何在呢？我想一个重要原因就是美国农业的机械化程度高。中国农业要基本实现机械化，可能至少还需50年。

“詹姆士”果场和“迈瑞”农场都有各种各样的农业机具

再次，美国农民的素质较高，完全称得上是我国现在所大力提倡的“新型农民”。从“詹姆士”果场和“迈瑞”农场来看，其主人举止得体，谈吐从容，有问必答而且善于回答；他们不但能熟练操作和维修各种农业机具，进行农业生产，而且对农产品的流通、销售环节也很熟悉，甚至还了解农产品国际贸易和农村金融方面的知识。有意思的是，“迈瑞”农场主并没有读过大学，他说实际生产所需要的很多知识和技能不是在大学里能够学到的，他主要靠自学。更让我们感到意外的是，他17岁的儿子竟然从未上过学，只接受“家教”。社会就是一所大学，生产实践本身就可以把人锻造成一个有知识有文化的高素质劳动者。

---

① 周海滨等. 农业循环经济的广东农垦实验：挑战石油农业. 中国经济周刊，2010（7）.

“迈瑞”农场主17岁的儿子从未上过学，只接受“家教”

二、美国是“高碳社会”

生活方式是社会学研究的重要内容之一。社会学家所谓的生活方式，是指人们在一定的社会条件制约和价值观念指导下所形成的人的生活活动的总和，具体包括人们对生活资料的消费方式和处理日常生活行为（衣、食、住、行、娱乐等）的特定方式。生活方式也可以称为“生活状态”，或者“生活偏好”、“生活习惯”等。

在美国20多天的所见所闻，我深深感受到美国人的生活方式不但在总体上是“高碳”型、浪费型的，而且在某些方面还是非科学、不健康的。

在我国和其他一些国家，发展低碳经济、倡导低碳生活业已成为一股浩荡潮流，但美国人似乎尚未顺应这股潮流，仍过着很不环保、很不节能的“高碳生活”。美国人的生活实在是太奢侈太浪费了，大大超出了人类正常生活的需要。美国环境与人口中心的报告显示，占全球人口总数5%的美国人，其自然资源消耗量竟超过了世界总消耗量的1/4。全球近1/4的二氧化碳和其他温室气体是美国排放的。这种“消费”地球资源的

“力度”绝非其他任何一个国家可以比拟。改变这种浪费资源的奢靡型生活方式既是美国自身的需要，也是全世界的共同期望。在节能减排、应对气候变化等方面，美国确实应该比中国等国承担更多更大的国际责任。

美国人的“高碳生活”表现在许多方面，以下仅举几个例子：

1. 居住空间浪费

美国土地面积广大，人口相对较少，因而美国人的平均居住空间很大。不论农村还是城镇，分散居住都是美国人生活方式的一个重要特点。根据我们的观察、了解，除了纽约、洛杉矶等特大型城市的居民一般选择住公寓外，普通美国家庭大多是住独栋的房子，面积在两三百平方米左右。美国一个上万人的城镇，以其占地面积、建筑空间的数量在中国或在欧洲都可以容纳十几万乃至几十万的人口。对于大多数美国人来说，房子已经不再单纯是遮风避雨的场所，而是身份与地位的象征。据统计数据显示，美国的家庭数量在过去40 年翻了一番，这意味着美国人需要的房屋数量在大幅度增加，而这势必造成家庭冬季取暖和夏季降温的能源消耗量增加。①

普通美国家庭大多住独栋的房子

2. 汽车、游艇消耗大量油能

据美国耶鲁大学和乔治·梅森大学的调查发现，在美国，“76% 的人

① 尤未迟等. 美国式浪费触目惊心. 环球时报，2007 - 10 - 29.

认为以步行或骑自行车取代汽车非常重要，但长期坚持这样做的人只有15%；72%的人认为使用公交或搭伴驾车非常重要，但长期实践的人只有10%"[①]。美国国家地理学会的一项调查表明，"大多数美国人不喜欢使用公共交通工具、步行或骑自行车出行……光是汽车消费就使美国消耗了全球1/4的原油。美国每年人均能源消耗量是全球平均水平的9倍"[②]！

最能体现美国人生活方式的，当数汽车。美国的汽车总量及人均占有量均居世界首位，是名副其实的"汽车王国"、"车轮上的国家"。美国3亿人口，注册的汽车竟有2.6亿辆之多！除去不开车的孩子和老弱病残，人均占有汽车超过1.5辆。美国第二大城市洛杉矶的人口约为1 100万，而该市登记注册的汽车竟然有1 300万辆！很难想象，洛杉矶几乎没有公共汽车，也没有地铁。如果没有汽车，美国人寸步难行。对美国人而言，汽车与水和面包同等重要。在美国很多城市的很多街道上，行人很少，主要是汽车。偶尔见到几辆自行车，也是锻炼身体用的。美国人在日常生活中很少走路，只有十几分钟甚至几分钟的路程也一定要开车。走路对于美国人来说是要穿上运动装、运动鞋，戴上耳机才做的事情。走路对于他们来说已经不是一种自然而然的行为了。

美国人喜欢开车，尤其喜欢开马力大、耗油量多的车。客观地讲，美国地广人稀，上下班通勤和日常生活确实需要汽车作交通工具。但是与世界多国提倡小排量的、环保的汽车相反，在美国，你很难找到排量在2.0以下的车。在纽约曼哈顿，坦克一般的悍马、大而无当的加长林肯、卡车般的卡迪拉克十分常见，就连福特出租车排气量也高达4.5升。更可怕的是，美国人家家户户除了一辆甚至多辆小轿车外，大都还有一辆SUV（运动型多用途汽车），以方便假日全家出门长途旅行。根据我们的观察，现在SUV至少占美国道路上行驶车辆的一半以上，这种车的耗油量比小轿

① http://blog.hinews.cn/?186360/viewspace-367168：《极少数美国人能在实际生活中真正做到节能环保》。

② http://finance.jrj.com.cn/book/book/detail_23447.shtml：2009年10月25日CCTV2特别节目——《美国老百姓也应该承担责任·金融危机是生活方式危机》。

车至少多1/3。用美国前国务卿奥尔布赖特的话说，SUV是美国的灾难①！

美国家庭除拥有一辆甚至多辆小轿车外，大都还有一辆SUV，
其耗油量比小轿车至少多1/3

美国不但是“车轮上的国家”，还是全世界游艇业最发达的国家，其游艇市场的销售额占世界游艇业销售额的半数以上，是第一游艇消费大国。美国私人游艇数量多达1 700万艘左右！美国之所以成为世界游艇市场的绝对霸主，与其所拥有的得天独厚的地理环境息息相关。美国东西两边都是海洋，北面有五大湖，南边有墨西哥湾，东部及中部有很多湖泊。以佛罗里达州为例，有大小湖泊上千个，是名符其实的千湖之州，以至于很多街道、小区都是以湖泊名称命名。该州很多高档住宅区都是建在湖边，被称为Lake View（湖光观景）别墅，是高档别墅的基本特征。如果说小车对美国人来说主要是生活必需品的话，游艇则是其不折不扣的奢侈品。这一奢侈品需耗费地球大量的能源。

① http://blog.sina.com.cn/s/blog_49ab39930100fvqp.html：《美式奢靡生活之重，有多少地球可以承受》。

旧金山著名的渔人码头停泊了各式各样的游艇

3. 空调、烘干机等消耗大量电能

在初到美国的我们看来，美国人对空调、烘干机等耗电品存在着近乎病态的依赖，从而导致其对电能的惊人浪费。我们培训班的每一个人对此都有切身的体会。

美国人普遍用空调确保室内恒温，确保夏凉冬暖。我国有关政府部门提倡，夏天使用空调时，其温度设置不得低于 26 度。而 7 月份的美国，无论我们走到哪种室内场所，空调温度都很低，让人感觉不是凉快，而是寒冷，很多时候我们不得不加穿一件外衣。美国的绝大多数公共建筑，如学校、医院、政府机关，以及很多美国人的住宅，安装的都是中央空调，只要一开空调，中央系统就向每个房间的每个角落供应冷气，不管这个房间有没有人使用。在夜晚的时候，家庭客厅和厨房里就算没有人，但空调也开着。夏天冷气太冷，冬天暖气又太热，据说冬天经常热得需要开着窗户，甚至要开风扇！纽约与北京纬度相近，因其海洋性气候，年平均温度本来要比北京高。但据介绍，纽约的供暖期比北京要长 4 个月（纽约供暖期从每年 10 月 1 日就开始，到次年 5 月 31 日才结束）。

烘干机也是美国人生活中不可缺少却又极不环保的一种“耗电虎”。美国人洗完衣服，不是拿去阳台或户外晾干、晒干，而是往专门的烘干机里一扔，加上一片衣物柔顺纸巾，烘出来的衣服柔软清新，好一点的烘干机还有防皱功能。这听起来是方便省事，可是电资源也在烘干机的轰隆隆声中无声地流走了。普通的中国百姓家庭，一般每月总耗电量约在 200 千瓦时左右，而美国一户家庭每月仅使用烘干机消耗的电量就达 1 079 千瓦时，是中国家庭总耗电量的 5 倍！美国很多州，比如加州，甚至阳光充足的佛罗里达州的法律都禁止户外晾晒衣服，因为美国人认为这“有碍市容”，是不文明的表现。

美国家庭的洗衣房里无一例外地并排放着洗衣机和烘干机

4. 无节制地使用塑料袋

早在一两年前，我国就已经开始限制使用塑料袋，提倡使用环保袋。但在美国，我们不论逛哪种规模、哪种性质的商场、超市（据说 Costco 例外），都可以看见很多人依然还在大量使用商家免费提供的塑料袋。前述耶鲁大学和乔治·梅森大学完成的调查还发现，“81% 的美国人认为应该重复使用购物袋，但能够‘经常’或‘持之以恒’做到的人只有 33%”①。

上面谈的是美国人的“高碳”生活方式对能源、资源的浪费，下面再看一下美国人非科学、不健康的生活方式在其饮食上的表现及造成的后果。

---

① http：//blog. hinews. cn/？186360/viewspace－367168：《极少数美国人能在实际生活中真正做到节能环保》。

国内外的社会学者经常提到“生活方式病”[①]，而肥胖就是典型的生活方式病。美国人的体重普遍超标，不论是男人还是女人，黑人还是白人，中老年人还是青少年，都有很多胖子。这是因为很多美国人在饮食上的生活方式是非科学、不健康的。吃麦当劳、肯德基，喝可口可乐、百事可乐，看 NBA 篮球赛和好莱坞电影，是很多美国人日常生活的真实写照。不论是以售卖汉堡包和可口可乐为特色的麦当劳，还是以出售炸鸡和百事可乐为特色的肯德基，均出售的是典型的西式快餐食品，这种西式快餐被很多专家称为“垃圾食品”。德国慕尼黑大学科学家科姆洛斯经过数年研究后发表的研究结果表明，“常吃‘垃圾食品’的美国人在变矮，而大西洋彼岸欧洲人的身高则在持续增长。荷兰人、英国人的平均身高都已超过了美国人的平均身高。快餐是造成过度肥胖的罪魁祸首。60% 的美国成年人超重，1/4 的美国人患有肥胖症”。世界卫生组织对西式快餐的化验结果则表明，西式快餐中的“油煎、油炸食品中含有大量致癌毒素——丙烯酸氨化物（丙毒）”[②]。美国自己的研究人员说，与肥胖相关的疾病将导致更多的美国人过早死亡，“肥胖在未来几十年将大幅缩短美国人的人均寿命”。美国伊利诺伊大学人寿专家杰伊·奥利尚斯基领导的研究小组发表研究报告说：“在上世纪 80 年代和 90 年代，美国成年人中肥胖现象每 10 年增长 50%。目前，肥胖人群占美国总人口近 1/3，中小学生中至少有 15% 属于肥胖人群。研究人员认为，50 年内美国的人均寿命将因肥胖至少减少 2 岁至 5 岁。”[③]

美国麦当劳、肯德基的招牌早已遍布中国城市的大街小巷，我们对其导致的生活方式病有足够的警惕吗？社会建设是我国党和政府大力提倡的“四大建设”之一，而建设科学、健康、文明的生活方式应是社会建设的题中应有之义。

---

① 生活方式病是指由于人们衣、食、住、行、娱乐等日常生活中的不良行为，以及社会的、精神的、文化的各个方面的不良因素导致躯体或心理的疾病。

② http：//finance. 21cn. com/zhuanti/shenghuofangshi/：《美国生活方式会害人？是真的！》。

③ http：//tech. memail. net/050318/132，32，989404，00. shtml：新华网华盛顿 2005 年 3 月 16 日电。

快餐食品盛行导致很多美国人患了“生活方式病”——肥胖症

三、美国是“宗教社会”

作为无神论者，本人历来对宗教持保留态度，我眼中的宗教就像贾宝玉眼中的“劳什子”一样。这次在美国的实地考察及考察回国后翻阅的大量资料、数据，在一定程度上改变了我对宗教，尤其是对当今世界上最有影响的、相对来说较为文明的宗教——基督教（新教）、天主教的看法，我认识到有必要以更为客观、中性的态度对待宗教。

在美国坐车，无论是穿行在华盛顿、纽约、旧金山等大城市的街道，还是飞驰在美国中部、东部和西部的村镇，随时都可以看到基督教、天主教的教堂。令我印象最为深刻的是，在我们参观、走访过的10所美国大学——马里兰大学、乔治·华盛顿大学、乔治·梅森大学、美国海军学院、哈佛大学、麻省理工学院、耶鲁大学、西点军校、弗吉尼亚大学、加州州立大学旧金山分校里，都有一所甚至多所教堂。这些教堂，尤其是高耸入云的哥特式教堂外观气派、漂亮，内部装修考究，非常干净、整洁，尤其引人注目的是，一排排椅子的后背，均插放着不同版式的精装本《圣经》。

哈佛大学教堂

西点军校教堂里的椅子后背插放着《圣经》

回国后，我买了两本西方国家最流行、最权威、最新出版的《社会学》教科书①，其中对美国宗教的介绍与我们在美国实地了解的情况完全吻合。例如：

——美国是世界上高收入国家中最宗教化的国家之一。大约85%的美国成年人具有一种宗教信仰。

——大约90%的美国成年人说在成长过程中他们至少接受过一些正式的宗教介绍，并且60%的人说他们现在属于某一宗教组织。

——与其他工业化国家的公民相比，美国人的宗教性显得不同寻常。除了极少数的例外，美国是基督教世界中最虔信上帝、最遵行宗教、最恪守教旨、最具宗教传统立场的国度。

——美国80%的人表示他们“体验到了上帝的存在或一种精神的力量”，说他们“从宗教中获得了安慰与力量”，这个比例比大多数其他国家都高。

——根据民调，大约有五分之三的美国人宣称，宗教在自己的生活中“非常重要”；无论在哪一个特定的时点调查，大约会有40%的美国人在

---

① ［英］安东尼·吉登斯. 社会学. 北京：北京大学出版社，2009；［美］约翰·J. 麦休尼斯. 社会学. 北京：中国人民大学出版社，2009.

此前一周去过教堂。

——根据报告，有多数的美国人相信上帝，并宣称他们会定期祈祷，其中大多数每天都会祈祷一次或多次。

——美国每一位领导人都宣称是上帝在掌管着本民族的繁荣与自由。美国总统乔治·W. 布什就是一位经历再生的基督徒，他曾经坦言，正是他的信仰帮助他克服了早年的酗酒问题，重获新生……他的宗教价值观念大大有助于他在2004年11月赢得总统连任，当时他获得了美国绝大多数福音派基督徒的支持，因为他们认为这些道德话题都是至关紧要的。

——大约有52%的美国人将自己归为新教徒，另有24%的人将自己归为天主教徒。

——有十分之七的美国人自述他们相信来生。

基督教（新教）、天主教在美国之所以获得这样多人的信仰，之所以有这样大的影响，与它们所发挥的功用是分不开的。我个人体会其功用大致有这样几点：

一是精神慰藉作用。人必有一死，这一不可抗拒的自然规律使绝大多数人到一定年龄都会产生虚无感、悲观感，而基督教、天主教的“上帝”说、“赎罪”说、“天堂”说等，使人看到了死亡之后的“再生”，使人对“未来”充满希望和憧憬，从而在“形而上”层次上为人提供了精神寄托。虽然“天堂”之类的说法在唯物主义者看来是十分荒谬的，实无可信之处，但那些虔诚的教徒却宁可信其有，不愿信其无。他们越是相信这类说法，就越能从中找到安慰。

二是道德教化作用。基督教、天主教的许多教义其实就是道德规范。例如，“十诫”中的后六条分别是：要孝敬父母；不可杀人；不应通奸；不可偷盗；不可作假见证陷害人；不可贪恋别人财物。这六条不就是做人的道德底线吗？

三是扶危济困作用。美国各地的教会，通过各种渠道，如接受信徒捐助，从而获得巨额资金。“美国教徒每年给宗教组织提供的经费加在一起超过了550 亿美元——这个数字超出了大多数低收入国家的经济总产值。”① 依靠这些资金，美国各地的教会开展了各种各样的社会救助和社会工作，兴办了多种多样的社会福利和慈善事业，为民众带来了巨大的方便和实惠，从而使教会对民众的好处由“形而上”延伸到“形而下”。

美国三一教堂正门前劝人及时行善的宣传语

四是维护和平的作用。美国教会和欧洲教会一样，一直致力于反对战争、呼吁和平。不论是对20 世纪90 年代美国等国发动的海湾战争，还是对2003 年美、英、西三国发动的伊拉克战争，美国教会都持明确的反对态度。

① ［美］约翰·J. 麦休尼斯. 社会学. 北京：中国人民大学出版社，2009. 562.

承载人文与历史的和谐校园景观

何新闻

坐落在美国西岸的马里兰大学（University of Maryland），是一所历史悠久、文化底蕴深厚的高等学府。目前，该校拥有13所大型院校，120多个本科专业，100多个硕士、博士研究生专业，146所研究中心和机构，拥有本科生、研究生35 000余名，是一所著名的综合性研究型大学。

该校占地面积7 300亩，红墙、白柱建筑掩映在树林中，人性化的交通道路分布于坡地上、建筑间和树林中，完善的室内外设施设备，富有象征意义的校园标志，以及雕塑小品、装置艺术等构成了环境优美的校园景观。

一

从设计角度出发，景观空间规划设计使道路、建筑、广场、设施等元素有机地联系在一起。景观完整、生态连续、多元共生的和谐校园景观是构建和谐校园的物质基础和人文载体。

就美国的历史而言，显然无法与文明古国相比，但作为具有百年历史的高等学府，马里兰大学积淀了深厚的人文和历史内涵。马里兰大学自1856年创建至今，已有100多年的历史，在历史的发展和延续中，为美国乃至全世界多个领域培养了许多精英才干，其中有3位诺贝尔奖获得者，7位普利策获奖者，10位福尔布莱特学者和40位美国国家科学院成员。尽管该校在美国最佳公立大学中排名18位，但其有31项学科名列全美高校前10位，61项专业名列全美前15位，90项专业名列全美25位，这足以显示其教育的成果以及在学术领域里所作出的贡献，尤其在农业、生命工程、太空研究等领域里作出了突出贡献。

马里兰大学的标志——乌龟

乌龟是马里兰大学的标志，是马里兰大学历史与文化的浓缩和提炼。乌龟本是生命延续的象征，马里兰大学以此作为标志，并将其树立在校园图书馆、学生活动中心等多个重要场所，不仅是作为该校辉煌历史与延续发展的象征，而且激励师生发扬不断进取、奋发向上的精神。

二

建筑的存在不是孤立的，它永远是所处环境中不可缺少的一部分，它承载着的功能特征、环境氛围和文化内涵，具有鲜明的地域特征和时代特征。而校园建筑又不同于标新立异的商业性和文化性建筑，它是学生接受知识的场所，承载着大学的人文历史，当它以一种平和的风格融入环境中，便产生和谐、自然、亲切之感。因而，典雅、庄重、朴素、自然是其本质特征。马里兰大学校园建筑几乎是清一色的红砖墙、白色罗马柱建筑，这些建筑以单体建筑形象之间保持基本一致的风格来反映校园建筑端庄、典雅、朴实、自然的风格特征。无论是教学楼、图书馆、研究机构还是学生活动中心、体育馆，无论是传统建筑还是现代建筑，都与校园环境和谐统一，与周围环境因素如树木、草地、景观小品等相融合。

校园一角

而作为马里兰大学校园里的那些不能从记忆中轻易抹去的反映时代特征的历史性建筑，是学校历史与文化的见证物。马里兰大学遵循“修旧如旧”的原则，非常专业化地对这些历史性建筑进行维护，如用于做礼拜和毕业庆典的教堂建筑，以及校友个人捐赠的教学楼、图书馆。为了永远纪念捐赠者所作的贡献，学校会在建筑最显眼的正立面深深地刻上捐赠者的名字。在校友会大楼的走道上，挂满了曾经为美国政治、经济、科技和文化事业作出贡献的校友挂像，在圆形大厅墙壁上几乎刻满了捐赠者的名字，而且按捐赠贡献的大小分别刻上大小不同的名字。

由此可见，学校无论是对在各个领域里取得成就的人，还是对为学校建设和发展作出贡献的人都给予纪念和尊重。校园建筑不仅是马里兰大学校园景观风格中的重要组成部分，而且是马里兰大学辉煌历史与持续发展的见证。

三

道路景观是校园整体景观的重要组成部分，组织良好的交通景观不仅能够正确、便捷地指引行人到达目的地，而且能够有效地整合校园景观，形成结构合理的校园框架。按校园道路分流方式分为机动车道和步行道，而步行道又是校园里主要的交通通道，人们习惯于了解和选择行走的距离、行走的起点和终点，以及行走道路的曲直和地形变化，观察道路两旁展现的景观元素。因此，道路景观设计，应从视觉生理和心理角度出发考虑步行环境的一系列要求。从步行距离而言，调查表明，大多数人能够或者乐意行走的距离是有限的，在日常情况下步行 400～500 米的距离是可以接受的，尤其是人群较密集的大学校园，从宿舍到教学楼，从教学楼到图书馆或到食堂等交通道路，对于教师或学生而言都习惯于生理和心理感受。一段平直、光滑、景观单调的深远道路让行走的人觉得十分枯燥，甚至没有足够的耐心走下去。但是，若将道路稍作起伏和曲折处理，使空间变紧凑，距离和目标既清晰又有所隐现，行人的视线就会被导向不同的空间，产生移景换步的动态感受。由此，我们从马里兰大学校园步行道感受到景观道路设计的合理性和科学性。尽管很少看到有指向路牌，尽管看起来如同无规律可循的路网，然而，当你处在任一起点时都能够感受到要到达的某一个终点目标——教学楼、图书馆或学生活动中心等在哪里。

校园路网

路网构成的交叉点是道路的相交处，它既是行人为缩短行走距离而作出决定的点，又是道路景观的一部分。路网如舞动的洁白飘带落在坡地上，穿梭于草地、建筑和树林中，使校园空间视野更加开阔，空间层次更加丰富。然而，这些步行路网的构成并不是从校园建设开始就设计规划的，而是日子久了，人走多了，自然而成的，校园管理部门只是在此基础上作后期处理和完善。人性化的道路设计，给人们带来和谐的景观感受。

四

通常而言，校园景观是基于道路建筑和广场创造的空间而成为校园活动的主要场所的，而校园广场景观又是大学校园中富有活力的景观空间，如作为师生等人群接触、交往、休闲的场所，或繁忙生活的缓冲带。然而，马里兰大学校园广场景观似乎不一样。从马里兰大学校门进入校园，步行不到10分钟便可看到一片开阔的坡地，这也是马里兰大学唯一的广场景观。坡地覆盖着丰厚葱郁的草皮，偶尔还能看到松鼠从树上爬下来到草地里寻找掉下的果实。广场以图书馆为中轴线，四周被交通道路环绕，红砖墙、白色柱建筑掩映在道路旁边的树林中。坡梯式“流水装置”位于中轴线上，起点为一个“时钟”装置小品。潺潺流水打破了广场的空旷与宁静。水，又是生命源，流水与处在同一中轴线的图书馆面前的乌龟相比较一动一静，是生命永续的象征，象征着马里兰大学未来持续发展。时钟预示着光阴似箭，“珍惜时间，努力创造”是马里兰大学的校训。

虽然在坡梯式的流水装置两旁设置了休憩的长凳，但是广场景观只是马里兰大学校园景观构成元素中的一部分，从功能上来讲，并非是主要的活动场所，所处的位置也不是主要交通道路的交汇点或交通起点、终点。虽然在设计规划上采用了“动”、“静”结合的手法，然而“动”的因素相对开阔的大广场而言也只是点缀而已。自然与人工环境的融合，生态延续、多元共生、文化与历史的呈现，这是马里兰大学和谐校园景观的体现。

坡地广场图

广场“时钟”装置

五

大学校园是培养人才的重要基地，是构建和谐社会的重要组成部分。和谐校园景观是构建和谐校园的物质基础和人文载体，创建和谐校园是中国当今高校谋求深远发展的目标。那么，如何创建呢？如何在校园建设中警惕“建设性破坏”，避免对校园文化遗产、生态环境的破坏呢？对于那些曾经被拆除、涂鸦以及修缮不规范的历史文化遗产又如何恢复本来的面貌呢？这的确是我们当今高校校园景观建设面临的难题。也许我们永远也解决不了这个难题，因为失去了的东西永远也回不来，即便复原回来也不再有当年的韵味，但我们必须以此为鉴。

在美国高速公路上观察到的点滴趣事

胡浩民

在美国的高速公路上，如果出了轻微的撞车事故，双方司机一般都会采取美国式“私了”的方式，在短时间内解决问题继续赶路。

如果出了重大交通事故，各部门的“一条龙”处理方式也有着很高的效率。

今年夏季，笔者借在美国培训考察之机，观察美国人在高速公路上的点滴趣事，一一记录下来以飨读者。

在繁忙的上下班时段出车，忙于赶路，难免出现与其他车辆磕磕碰碰的情况。对此类小麻烦，美国人有一种潇洒的处理方法。

一天早上，我们乘中巴到华盛顿，突然，一声沉闷的撞击声让我们心里一震。“哇，车被碰，这回麻烦可大了！”原来是一位黑人女司机在超车时撞坏了我们所搭乘的中巴的左侧倒后镜。我想，这起交通事故不知会折腾到何时，今天上午的考察计划或许泡汤了。

此时，两车的司机分别在允许停车处停了下来，肇事司机一边拿出驾照让对方记录驾照号码，一边打电话告知保险公司，承认自己犯错，用手机拍下损坏处，然后双方在事故单上确认责任后签名。最后，双方友好分手并各自继续赶路。

据翻译小黄解释，这是美国式“私了”轻微事故的方式，肇事司机出具驾照号码承担责任，因为一旦逃离被发现，会在档案中留下不诚实的污点，并伴随终身；事故受害一方在掌握肇事者驾照号码后也会潇洒放行，因为驾照号码是美国人诚信的身份证，一般不轻易示人。

美国式的“各司其职”

在从水牛城返回纽约的途中，我们看到一辆中巴和小车相撞的车祸，也领略了美国式处理重大交通事故的方式：当地消防车先到，消防员查看事故现场有无起火疑点，防患未然；随后是救护车的医护人员及时抢救伤者；再是警车现场勘查取证，维持交通秩序；紧接着的是拖车，迅速将损坏车辆拖走以疏导交通。

这种重大交通事故“一条龙”处理方式有很高的效率。一般情况下，当地政府官员是不必到事故现场的，这是美国式的“各司其职”。

服务区快餐有“便民服务”

沿美国高速公路开设的餐馆中最便民的要数麦当劳，它是24小时全天候服务的。尤其令我们感到惊讶的是，它在一些网点开辟一种方便赶路司机的“便民服务”。

美国高速公路服务区

（图片来源：blog. sina. com. cn/luxinqin）

驾车司机不用下车，直接将车子开到麦当劳餐馆专辟的窗口交费，然后再到另一个窗口取食品饮料。窗口之间由电脑联网，这边厢付费那边厢已按电脑信息显示准备好食品、饮料，几分钟就可以完成一宗交易，这对于一早赶着上班的驾车人士来说特别便利。

服务站公益服务暖人心

人在他乡，遇到有陌生人士提供公益服务，就会颇有亲切感。我们在从水牛城返纽约的途中就享受到了这种公益服务。

这是在路边厕所附近设立的临时服务站，周边没有商店餐馆。游客如厕后，可看到几位热忱的老人在遮阳帆布覆盖的公益服务站笑面迎客。导游事先提示，可以自由取食服务站摆放着的食品、水果、饮料，不必付费，但取食后也可以象征性地捐出 1 美元。

我吃了一根香蕉，拿了一包炸薯片享用。一位负责供应饮料的老人主动跟我打招呼："喝饮料吗？这里有冰镇的可口可乐和瓶装水！"说罢，打开保温箱盖让我们取用饮料。

据介绍，这里免费供应的食品、饮料是由志愿者向社区内居民募集的，参与服务的老人都不计报酬，在周末向来往的游客提供免费服务，展现美国一个普通社区的居民对公益事业的热忱以及和谐好客的精神面貌。

我们注意到，乘着汽车、摩托车或步行经过临时服务站的本地居民都自觉地不来取食，而我们这些中国游客也颇为自觉，在吃了食品或喝了饮料之后，不忘向热情好客的主人说声"Thank you"，并从袋子里掏出 1 美元，投向捐款的小罐子里。

美国路边的服务站

（图片来源：blog. sina. com. cn/luxinqin）

从"空奶"级航空服务员看美国的退休制度

卢新勤

从广州启程经香港去美国，是在七月底。我们乘坐美国联合航空公司（下文简称"美联航"）的国际航班，从香港起飞，经过15个小时的飞行，抵达美国芝加哥后在当地办理入境手续，再转乘美联航国内航班飞往华盛顿。乘坐美联航航班和乘坐中国各家航空公司航班最大的不同是，中国各航空公司的乘务员都是年轻漂亮的"空姐"，而美联航的乘务员却是年龄很大、相貌平平的"空婶"甚至是"空奶"。到了美国，我们发现，在很多行业，美国老年人都在不同的行业岗位上发挥很大作用。不仅航空服务业有"空奶"级的航空乘务员，而且在许多窗口服务行业，都有很多"大爷"、"大奶"级的从业人员。例如，酒店前台、商场收银员、银行储蓄员、旅行社导游、博物馆讲解员……都能看到白发苍苍的老年人，尤其是在美国的大学，70岁以上的教授仍然活跃在教学科研第一线的，不在少数。

美国老年人在社会各行各业依然发挥重要作用，这主要与美国的退休制度有关。据了解，目前大多数发达国家的法定退休年龄是65岁，英国人的口头禅是"50岁创业才开始"，而树立在德国科隆市大街上一家公司的广告词，更是让我们很多中国人感到不可思议，这句广告词是："55岁太老了？我们连65岁的人都雇呢。"经验丰富的老年人在美国的大学和公司还是很受欢迎的，所以美国老人的退休时间一再被延长。我们还从马里兰大学人力资源管理部门那里了解到，美国目前的标准或者说是完全退休年龄是66岁，比十年前延长1岁，而提前退休年龄为62岁。美国的"法定退休年龄"也称为"正常退休年龄"，它是按人口出生时间动态设定的，而且男女退休年龄统一。根据美国法定退休年龄标准的设计，从 1924 年到 1937 年，这 14 年间出生的人口，统一执行 65 岁（整数）的退休年龄；从 1938 年到 1942 年，这 5 年间出生的人口，则执行每年等距延长 2 个月的递增退休年龄。近几年美国已经多次调整了退休年龄，现在的退休年龄规定是 65 岁 6 个月，以后每年延长两个月，直至延长到 67 岁为止。美国政府还鼓励人们到了法定退休年龄时继续留在岗位上，根据美国有关法律规定，美国人到了退休年龄但仍愿意坚持工作的，每多工作一年就奖励十余个百分点的退休金，直至正式退休。据美国劳工部统计，在 1994 年至 2004 年，65 岁至 69 岁年龄段的老年男性就业率从 27% 上升到了 33%，女性就业率也从 18% 上升至 23%。前不久，美国参议员哈格尔甚至还提出了把退休年龄提高到 68 岁的议案，当然这个议案也引起了很大的争议。

活跃在教学第一线的美国马里兰大学老教授

（图片来源：blog. sina. com. cn/luxinqin）

从另外一个角度看，美国和其他发达国家鼓励延长退休年龄，鼓励已达退休年龄的老人继续就业，也是情非得已。一方面，西方国家的政府为应对养老金的巨额缺口和社会老龄化而不得不采取如此措施；另一方面，退休金额低也迫使很多老年人继续留在工作岗位上。在美国，如果一个人在 62 岁退休，那么他每个月能领到 1 245 美元的退休金。如果是在 66 岁退休，退休金则是每个月 1 778 美元。而假如一个人 70 岁才退休，那么他每个月拿到的退休金就有 2 400 美元。这就意味着，多工作 8 年，养老金几乎可以涨一倍。因此，在美国，到处能看到白发苍苍的老人仍在继续工作，也就不足为怪了。

从纽约人力车夫和街头小贩看美国社会的包容度

卢新勤

没去美国之前，以为世界上最人山人海，最让人眼花缭乱，最让人晕眩迷离的地方是日本东京银座、上海外滩、北京王府井、广州上下九这些地方；原本以为，美国地广人稀，不管在哪个城市，人再多也没有中国多，再拥挤也不会像中国那么拥挤。

可是到了纽约时报广场一看，却被那里的拥挤、喧闹、汹涌的人流吓了一跳。走进华尔街，只见街道两旁到处是耸入云霄的摩天大楼，大楼里进驻的，是数不清的大银行、信托公司、保险公司和交易所。大楼如同一座座山峰峭壁竖立在街道两旁，让人感到非常压抑，人在街道行走，如同走进一条峡谷，抬头只能望见一线天。美国的商科大学生以能进入华尔街为荣，每天成千上万的白领涌到这里上班，其中还有400多名中国人成功挤进华尔街。

北京王府井、广州上下九步行街的交通管制很严，尽管也是人山人海，但除了公共汽车，其他机动车和非机动车却不得进入，至少场面看上去没那么混乱。可是在纽约时报广场却不同，那里不仅人山人海，还“车山车海”，各种各样的车川流不息，场面相当壮观。当然，中国的人山人海，是黑压压一片，单一的黄色皮肤的人山人海；而纽约时报广场的人山人海，却是一个多元化的、头发肤色五花八门的人山人海。人多，再加上那些铺天盖地的广告牌，更显得拥挤不堪。

美国纽约华尔街的街头小贩

美国纽约时报广场的人力车夫

（图片来源：blog. sina. com. cn/luxinqin）

在这个著名的时报广场，两旁高耸的大楼形成了让人感到压抑的夹街，有无数色彩艳丽、五光十色的巨幅电子广告牌24小时不停息地、以数秒钟的速度变换着精致的广告短片。广场上，摩肩接踵地涌动着洪水般的人流，有衣着时尚新潮的，也有随便保守的；有青春靓丽的，也有肥胖臃肿的；有来自美国其他州县的，也有来自世界各地的……总之，世界上不同肤色、不同国家、不同种族的人，在这里都能看到，这里，完完全全就是一个世界万花筒。更令人惊奇的是，这个寸土寸金、繁华拥挤的华尔街竟然允许小贩摆卖。尽管纽约华尔街全长仅有500多米，街面非常狭窄，但云集着包括纽约证券交易所、联邦储备银行在内的众多金融机构，因此华尔街是个寸土寸金的地方，每一座建筑都充分利用有限的空间来争取最大的收益。由于建筑的间距非常小，让人走在街上有种喘不过气的压抑感。原来以为，这里一定是美国“城管”管理最严格的地方，想不到在交通如此拥挤、空间如此有限的地方，却允许小贩在此售卖旅游纪念品以及饮料、烧烤、煎饼等。那些专供游人游玩的人力三轮脚踏车，要么停在路边招徕顾客，要么载着疯狂吆喝着的时尚红男绿女从街头呼啸而过。看着这些人力车和人力车夫，再联想到华尔街上的流动小贩，不得不感叹这个国家“城管”部门和“交管”部门的包容和气度。

世界理工科精英学校——美国麻省理工学院

尹北晖

提起美国麻省理工学院（Massachusetts Institute of Technology，MIT），其名气完全可以用“如雷贯耳”一词来形容。这所位于美国马萨诸塞州波士顿市的综合性私立大学，享有“世界理工大学之最”的美名。今天的麻省理工学院，无论是在美国还是在全世界，都有非常重要的影响力，培养了众多对世界产生重大影响的人才，是全球高科技和高等研究的先驱领导大学，也是世界理工科精英的所在地。

2010年的夏天，在一个阳光灿烂的日子里，我们走进了这座闻名于世的著名理工学院。在麻省理工学院，有两位清华大学毕业的正在此攻读博士学位的中国留学生，担任我们的参观引导员，他们不仅热情地向我们介绍麻省理工学院的历史和概况，还就美国大学的教育特色和我们进行了坦诚的交流。问及中国学生在动手能力和创新能力上是否比较欠缺时，他们回答说，中国学生的基础知识非常扎实，至于说到中国学生的动手能力和创新能力问题，刚开始会有一些差距，但聪明勤奋的中国学生很快就会弥补自身的不足，不久就能适应美国的教育模式了。他们认为，其实中国留学生来到美国最大的不适应还是文化背景问题。就好比我们中国学生在一起说某件事某个人，当我们借用中国历史上的人物或典故来形容时，大家都能心领神会。同样的，美国学生或欧洲学生由于历史文化背景和我们不一样，我们与他们交流起来就会有一种无形的隔阂，这才是中国留学生在美国感受到的最大的不适应，所以要融入美国社会，融入欧美学生群体，需要一个过程。

在麻省理工学院参观，无论是在室内的图书馆、咖啡厅，还是在户外的树荫下、草坪上，都会看到在使用笔记本电脑无线上网的教师和学生。麻省理工学院的宽带无线网络遍布校园每个角落，共有3 000个收讯点（出到校外一公里内，收讯率还在95%以上），是全美无线网络化做得最好的大学。

近一个世纪来的发展，麻省理工学院已经发展成全世界极为重要的高科技知识殿堂及研发基地。因为“二战”和冷战时期，美国政府在自然及工程科学上大量投资，使得麻省理工学院在这段时间内迅速发展；过去几十年来，麻省理工学院也为美国政府制造了许多威力极大的高科技武器。20世纪麻省理工学院最主要的成就是由杰·弗里斯特领导的旋风工程，其制造出了世界上第一台能够实时处理资料的“旋风电脑”，并发明了磁芯存储器。这为个人电脑的发展作出了历史性的贡献。而在20世纪80年代，麻省理工学院大力帮助美国政府研发B－2幽灵隐形战略轰炸机，显示出先进的“精确饱和攻击”能力。麻省理工就此赢得“战争学府”之美誉。

至2009年，先后有78位诺贝尔奖得主曾在麻省理工学院学习或工作过。“麻省”之名蜚声海外，成为世界各地莘莘学子神往的科学圣殿。到了暑假，很多美国家长会带着孩子来到这所著名学府，感受这里的精英气息和特殊的学习氛围。因此，在盛夏的八月，我们还遇见了不少美国家长带着孩子徜徉在麻省理工学院的校园里。

麻省理工学院的斯塔塔中心之一

在麻省理工学院参观，最让我们感到惊奇的是那些看似东倒西歪、乱七八糟的怪异建筑。据引导员介绍，这些很怪异、很前卫的建筑是世界著名建筑设计师弗兰克·格里设计的，格里的主要作品包括西班牙的古根海姆博物馆和洛杉矶市的沃尔特迪士尼音乐厅。他为麻省理工学院设计的斯塔塔中心以角度奇特的外部结构闻名于世。斯塔塔中心坐落在麻省理工学院东北角，造型新颖奇特，是一座综合教学楼，建筑面积 4 万平方米。楼内设有图书馆、教室、办公室和会议室等。它由两座 C 形塔形主建筑组成，中间由几座略低的楼层连接，整座建筑空间开阔，但完全摆脱了传统的建筑模式。格里解释说："它就像一个顽皮的孩子正拿着一把斧头向你的模特砍来。"

麻省理工学院的斯塔塔中心之二

斯塔塔中心 2004 年竣工后，成为麻省理工学院新的地理坐标。该中心外表像迪士尼乐园，色彩鲜艳，造型可爱。建筑物里有铝制的圆饼，不锈钢和橘黄色砖石砌成的小塔，还有许多大小不一的筒形、方形和圆锥形积木玩具模型。格里设计这座建筑的主导思想是"使发明成为一种快乐"。但有人评价这幢建筑看上去"像一群喝醉了的机器人在寻欢作乐"。

然而，就是这座建筑，却存在严重的设计缺陷。2007 年 10 月，麻省理工学院把著名建筑设计师弗兰克·格里告上法庭，指控格里为学院设计的斯塔塔中心存在严重设计缺陷，致使建筑出现局部裂缝并发霉。麻省理工学院在递交给波士顿萨福克高等法院的起诉书中说，斯塔塔中心2004年春季建成后不久，室外阶梯教室就因排水问题出现裂缝，由于采用材质不当，现在斯塔塔中心外墙上已经发霉，影响了外观。更加严重的问题是，一旦出现下雪天气，积雪和冰块就会在窗口和屋顶上堆积起来，堵塞逃生的通道。麻省理工学院表示，该中心设计存在“永久缺陷”。但不管怎么说，看着这些设计大胆、新颖、怪异的建筑，不得不佩服美国人的创新思维和敢于探索尝试的精神。

从街头电线杆看美国的城市建设

谢小妍

听不少人讲过美国的城市建设不如中国，这次有机会到美国的大城市实地考察，确实见到一些不如中国的地方，如在某大城市的著名景点附近，我发现分布非常凌乱的电线杆（见下图）。如果在中国的大城市中心地区有此景观，早就被改造为地下电缆，不会有碍观瞻。在我们到达美国的第二天，美国东部地区遭遇龙卷风袭击，导致华盛顿地区大面积停电，我想这应该也是由于输电系统为架空线路而导致的吧。见到这些凌乱的电线杆，确实让我们有自豪感，让我们觉得我国在城市建设方面比美国好。

旧金山市花街附近景观

（图片来源：blog. sina. com. cn/luxinqin）

但是，随着在美停留时间的增加，我们发现原来的感觉有点不靠谱。随着我们参观学习地点的增多，我们发现美国的城市建筑的外观可能并不漂亮，但房屋里面普遍能达到广州地铁三号线的车站站台的装修和卫生水平。例如，马里兰大学学生活动中心的饭堂，大部分地面是采用可媲美高级花岗岩地面砖的水磨石，墙上挂着毕业生捐赠的艺术画，至少达到我国的四星级酒店的水平，与我校的饭堂有较大的差异。据我观察，除了装修水平高、环境好外，饭堂的清洁干净还有赖于使用者的素质较高，用餐者均自觉维护周围环境的清洁，用完餐后自觉收拾餐桌，也不会出现用脚踢墙等容易造成墙体不清洁的行为。

总的感觉是，除一部分标志性建筑外，美国人在城市建设上花钱很务实，房间里面非常舒适、卫生、美观、实用，但外观可能比较简单，没有过多的装饰，甚至一些房屋外墙为清水墙，造价比较便宜，真正遵循我国有关建筑设计的原则，即“实用、经济、美观”。反观我们国内一些城市的建设，虽然标志性建筑和主要街道的外观确实漂亮，但是大多数房屋的室内与美国的室内装修水平仍有较大的差距。农村的情况就更差了，一些农村房屋面街的外墙贴墙砖，其他外墙甚至不粉刷，房屋里面的装修也差，在使用过程中不注意维护，也不注意定时维修，加上灰尘较多，很多房屋才用几年就显得很旧。大城市虽然中心市区非常漂亮，但在城市中总有一些地方是脏兮兮的，如厕所、垃圾桶等，更糟糕的是，天空总是灰蒙蒙的，河流中经常流淌着各种颜色的液体，大雨过后经常见到“水浸街”的情形……可以说，我国相当部分城市的建设只注重外观，不注重内涵；市政建设注重看得见的东西，不注重看不见的东西，如排水系统和污水处理系统等建设项目由于需要多花钱而又比较难看得见，以前大部分城市就不重视，造成以牺牲环境来追求国内生产总值增长的结果。

幸运的是，党的十七大决定，在全党开展深入学习实践科学发展观活动。胡锦涛主席在《在新进中央委员会的委员、候补委员学习贯彻党的十七大精神研讨班上的讲话》中指出“建设生态文明，实质上就是要建设以资源环境承载力为基础、以自然规律为准则、以可持续发展为目标的资源节约型、环境友好型社会。从当前和今后我国的发展趋势看，加强能源资源节约和生态环境保护，是我国建设生态文明必须着力抓好的战略任务。

我们一定要把建设资源节约型、环境友好型社会放在工业化、现代化发展战略的突出位置，落实到每个单位、每个家庭，下最大决心、用最大气力把这项战略任务切实抓好、抓出成效来”。相信通过学习实践科学发展观活动，我国将改变以前的发展模式，实现“赶美”的目标。

美国人的饮食习惯与肥胖的美国人

卢新勤

去美国学习培训之前，笔者曾看过同事邓晓玲教授从美国拍回来的一组照片，她根据这些图片还写了一篇题为“看美国满街胖女人，方知中国女人很苗条”的博文，因此，对看到的美国街头胖子多，还是有个心理准备的。尽管如此，等到自己亲自去美国，对美国街头胖子数量之多，一些胖子的肥胖程度之严重，还是感到很吃惊。

记得是在从香港乘机抵达芝加哥的那一天，我们排着长队，等待美国海关查验证件和复核指纹准备入境，在那些海关官员中就看到了不少胖子，其中一位黑人女性胖得简直让人难以描述。只见那女子胸部、腹部、臀部、大腿、小腿、手臂……身体的每一个部位都鼓胀着非常多的赘肉，那身深蓝色的海关制服不知道耗去了多少布料！我很担心那身制服因撑不住溢满的赘肉而会破裂。她的工作就是把那些过安检后，乘客取走被检查的物品后空置的塑料盒重新放回安检的入口处。由于过度肥胖，她举止笨拙，移动身体非常困难，腰也弯不下去，那捆在腰上的加长皮带总让她喘不过气来。对比中国的海关，在招聘人才时还要求“形象良好”，可是在美国的海关、航空服务业和其他任何窗口行业，其从业资格不能有什么形象、年龄歧视。因此，一踏进美国的国门，就让我们看到了一个真实的美国人群体，那就是年轻的、年老的，苗条的、肥胖的，漂亮的帅气的、不怎么顺眼的，白色的、黑色的、黄色的、混色的……总之什么模样、什么种族的人都有。

在美国的很多城市，包括华盛顿、纽约、休斯敦、旧金山等地，在街头、旅游景区、餐馆、停车场、商店等场合，看到的肥胖者实在是太多太多了。有一次在华盛顿的那个老邮政大楼的一楼餐厅就餐，我看到那些肥胖的美国人一人就占据了两个人的空间，三个人就围满了一张可以坐六个人的餐桌。在水牛城尼亚加拉大瀑布景区，拿着相机随便一照，一个镜头就能“网”住四五个胖子。坐在大巴上“俯瞰”那些跑在路上的皮卡、轿车、SUV，就会看到十个开车的司机里起码有三个是大胖子。看到美国这么一个超级强国居然拥有这么多的胖子，我们这些“瘦弱”的中国人居然有点为美国这个国家感到担心。因为太多的国民过于肥胖并不是什么好事，起码国民的整体身体素质、身体健康状况多少会受到影响。要是在冷兵器时代，肥胖的国民数量过多，其整体战斗力肯定会大大减弱。

美国人最喜欢享受的黄油、果酱涂烤面包

（图片来源：blog. sina. com. cn/luxinqin）

美国人肥胖者多原因是多方面的，本人以为还是与美国人的饮食习惯关系最大。无论是在西餐厅还是在中餐馆用餐，抑或是在酒店享用免费早餐，我都比较仔细地观察了美国人的饮食习惯。美国人最喜欢吃的东西有涂上黄油和果酱的烤面包以及汉堡包、薯条、麦片粥、牛扒、牛奶、咖啡、火腿肠、烤肉、甜品、比萨饼……我还观察到，美国人其实也很喜欢吃中餐。在马里兰大学餐厅，有十几家中西式快餐，生意最好的就是一家名叫“熊猫”的中式快餐，天天都有排长队等候的食客，这让那些门可罗雀的西式餐厅很是羡慕。至于中餐馆，不仅仅是中国游客光顾，美国本地食客也不少。我发现，美国人最喜欢拿的食物都是面包、肉类，而且特别喜欢吃油炸的东西，而且那些越肥胖的人吃得越多。由此可见，美国人的肥胖主要和饮食结构有关。

当然，导致太多的美国人过于肥胖，还有一个重要的原因，就是美国人基本上都是以车代步。除了纽约时报广场以及大城市繁华的街道和大商场等人满为患的地方，美国其他的大街上和路上，鲜见行人。人都到哪里去了呢？原来人都在车里。美国人是一出门就开车，到哪里都离不开车。看见那些胖子们走路很吃力，但车却开得很潇洒，那些胖子司机驾驶车子轻松自如，很自信，很自得，一点也不觉得过于肥胖会给自己带来什么行动上的不便。在一些美国人看来，只要有车，哪里都能去，肥胖算什么？所以他们并没有减肥的打算。

美国的“穷人”到底有多“穷”

卢新勤

说到穷人，中国的穷人和美国的穷人，自然不可同日而语。记得网上曾流行过一个帖子，说国家统计局颁布的《中国贫富标准线》认为，年收入在 30 000 ~ 80 000 人民币之间为“穷人”，年收入在 10 000 ~ 30 000 之间为“很穷的人”，年收入在 5 000 ~ 10 000 之间为“非常穷”的人……如果换算成美元，中国“穷人”年收入大约是 4 400 ~ 11 700 美元，形象一点地说，“穷人”也就是自己买不起房，买不起车，连温饱都成问题的群体。当然，那些生活在农村的有房户，虽然有宅基地，加上父辈的积累，有住房，但生活依然艰辛的农民，也应该算是穷人。我曾在 2010 年 7 月份去了粤北山区，看到那些住着大瓦房却家徒四壁的农户。有一家农户，虽然家里有三间大瓦房，但因其长子残疾而导致家庭贫困，因而成为我们科技人员的对口扶贫对象。

靠近公路边的美国穷人住宅

而美国的穷人就不一样了。看过乔磊的一篇题为“美国穷人有多穷”的文章，文章说到了美国“穷人”的概念，也就是“生活贫困线”的标准为：一个人一年的收入在10 991美元以下，两口之家的年收入在14 051美元以下，三口之家的年收入在17 163美元以下，四口之家的年收入在22 025美元以下。文章还提到，美国穷人家庭中有43%的家庭拥有自己的住宅，平均每个家庭住宅内有三间卧房、家庭室、会客室、厨房和餐厅，住宅中平均配有1.5个卫生间；美国穷人家庭住宅平均还有一个车库，大部分住宅都带有院子。当然，美国也有最穷的穷人，那就是穷到无家可归的地步。

美国北部水牛城郊外的穷人区

因此，今年8月份去美国访问之前，我对美国穷人的“有房有车”很想作进一步了解，美国的穷人到底住什么房？穷人的住房和中产阶级的住房有什么不同？恰好，当我们从美国的北部城市布法罗往中部马里兰州返回的时候，途中经过了一个穷人区。这个穷人区位于布法罗城的郊外。同车的一位在美国生活了20多年的华人H先生，担任了我们这次旅行的导游，他一边指着路边的那个穷人区，一边告诉我们，美国的穷人住房有以下四个特点：一是住宅过于靠近主干公路，由于主干公路边的住宅噪音大 有污染，所以房价相对便宜，那些低收入的穷人们也只好忍受噪音和污染，选择这样的房屋居住；二是房屋面积比较小，也许在我们中国人看来，本文配发的这些图片都是两层或三层的“别墅”，使用面积至少都有100平方米以上，可这些房子相对于其他收入较高的美国家庭，确实算是小户型；三是房屋的外形比较破旧，一般中产阶层以上的美国人，都喜欢搬家换新房，或者是不时要对旧房进行翻新维修，而作为居住在这里的穷人，既买不起新房，也没有更多的钱来对房子进行翻新维修，所以他们的房屋外观看上去显得比较破旧；四是草坪小，而且疏于管理。拥有宽阔的花园草坪，并且甘愿做“草奴”，一到周末就修整花园草坪，可以说是美国中产阶层生活的一个特征，而作为穷人，自然是买不起那些带有很大花园草坪的住宅，也无心打理自家门前的花园草坪。所以刘先生说，只要是穷人相互为邻，便不会在意邻居家的花园草坪是否“有碍观瞻”，非穷人区就不一样，花园草坪若不及时修整，就会引来邻居的不满。

美国旧金山街头的流浪汉

（图片来源：blog. sina. com. cn/luxinqin）